中外故事书系 物质文化遗产故事丛书

中国 古都 故事

王社教 主编

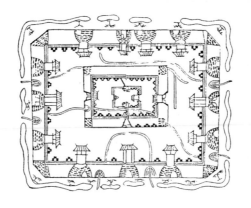

齐鲁书社

图书在版编目（ＣＩＰ）数据

中国古都故事 / 王社教主编. -- 济南：齐鲁书社，
2019.10
　（中外故事书系．物质文化遗产故事丛书）
　ISBN 978-7-5333-4106-0

　Ⅰ. ①中… Ⅱ. ①王… Ⅲ. ①都城(遗址)—介绍—中
国 Ⅳ. ①K928.5

中国版本图书馆 CIP 数据核字 (2019) 第 044426 号

中国古都故事

ZHONGGUO GUDU GUSHI

　王社教　　主编

主管单位	山东出版传媒股份有限公司
出版发行	齐鲁书社
社　　址	济南市英雄山路 189 号
邮　　编	250002
网　　址	www.qlss.com.cn
电子邮箱	qilupress@126.com
营销中心	（0531）82098521　82098519
印　　刷	山东临沂新华印刷物流集团有限责任公司
开　　本	710mm×1000mm　1/16
印　　张	16.75
字　　数	221 千
版　　次	2019 年 10 月第 1 版
印　　次	2019 年 10 月第 1 次印刷
印　　数	1-3000
标准书号	ISBN 978-7-5333-4106-0
定　　价	28.00 元

目　录

五　**曾观大海难为水，除去梁园总是村**
　　——从大梁到开封

六　**甲骨故里，殷商故都**
　　——古都安阳

七　**虎踞龙盘，帝王之宅**
　　——十朝故都南京

十 茫茫沙漠广，渐远赫连城
　　——夏国都统万城

十一 离太阳最近的都城
　　——吐蕃故都逻些

一 惟王建国，辨方正位

——探寻建都的奥秘

中国古都知多少

都亦称国都、首都，是一个国家或政权执掌和行使最高权力的地方，通常也是一个国家或政权的政治、经济、军事和文化中心。在中国古代社会，都城称谓多达五十余种，如京城、京师、京都、京邑、帝都、帝宅、帝里、皇都、皇京、神京、皇畿、行在、中国、首善等。东汉时期著名的训诂著作刘熙的《释名》称："都者，国君所居，人所都会也。"《春秋公羊传》称："京师者何？天子之居也。京者何？大也。师者何？众也。天子之居，必以众大之辞言之。"西晋皇甫谧的《帝王世纪》则说："天子所居宫曰都。" 大致都是同一个意思，即国都是国君所在的地方。因为是国君所在，为表达尊崇之意，所以称京；而之所以称都、称师，则是因为它是众人汇聚之地，人口众多。

所谓古都，顾名思义，就是古代的都城。我国历史绵延数千年，地域广大，民族众多，朝代更迭，政治经济环境变化复杂，作为都城的地点也就不止一处。今天我们所说的古都，主要是指有文字记载及考古发掘相印证，年代可以确定的我国历史时期的都城。中国古都学会创始人、著名历史地理学家史念海教授认为，古都有狭义和广义之分：就广义而言，凡作为一个独立的王朝或政权，其都城已成为政治中心，就应视为古都；而就狭义而言，古都不仅是独立的王朝或政权的都城，而且还应该具有较为长久的而不是过分短暂的建都年代，其遗址的现在地理位置应是确切的而不是推论的臆断，并且应是距现在有关的城市较近，而不是相离很远的废墟。根据这样的定义，史念海教授对我国历朝历代的都城进行了一番非常细致的考证和统计，发现自三代以来，我国共有广义上的古都 217 处，狭义上的古都 65 处。

我国古都的分布是非常广泛的。广义上的 217 处古都，除今天的海南省和上海市、天津市没有分布外，其他各个省市都有分布。如果就狭义上的古都来说，还要除去江西省，虽然江西南昌和赣县都曾做过隋朝末年楚帝林士弘的都城，九江也曾做过元朝末年汉帝陈友谅的都城，但这几处都是广义上的都城。也就是说，即使就狭义古都而言，仅今天的海南省、江西省、上海市和天津市没有古都的分布，其余 27 个省市区都或多或少地有地方曾经做过古代国家或政权的都城。可见，在我国五千年的历史长河中，沉淀下不少璀璨的明珠，孕育了不少灿烂的文化。

在上述 217 处广义古都中，作为都城时间的长短有着很大的差别。

我国狭义古都一览表

古都所属今省区	所在地点	总计
河南	洛阳、开封、安阳、新郑、濮阳、禹县、淮阳、许昌	8
新疆	焉耆、库车、疏勒、于阗、吐鲁番、伊犁、哈密	7
甘肃	武威、兰州、张掖、酒泉、敦煌、临夏	6
辽宁	朝阳、沈阳、新宾	3
陕西	西安、凤翔、临潼、略阳	4
江苏	南京、徐州、扬州、苏州	4
山西	大同、太原、夏县、侯马	4
四川	成都、重庆、西昌	3
浙江	杭州、温州	2
山东	淄博、曲阜	2
河北	邯郸、邢台	2
广东	广州、肇庆	2

（续表）

古都所属今省区	所在地点	总计
云南	大理、晋宁	2
黑龙江	阿城、宁安	2
北京	北京	1
宁夏	银川	1
湖北	江陵	1
内蒙古	呼和浩特、巴林左旗	2
安徽	寿县	1
吉林	集安	1
西藏	拉萨	1
湖南	长沙	1
福建	福州	1
青海	西宁	1
广西	南宁	1
贵州	贵阳	1
台湾	台南	1
全国总计		65

其中历时1000年以上的有西安（1077年），历时900余年的有北京（903年），历时800余年的有洛阳（885年），历时400余年的有南京（450年），历时300余年的有开封（366年）和安阳（351年），历时200余年的有成都（249年）、银川（226年）、江陵（224年）、杭州（210年）和巴林左旗（202年），历时100～200年的有淄博（185年）、成县（179年）、新郑（175年）、邯郸（163年）、濮阳（163年）、广州（162年）、曲阜（149年）、敦煌（137年）、福州（136年）、徐州（123年）、

重庆（108 年）、朝阳（102 年），历时 100 年以下 15 年以上的有大同
（96 年）、武威（86 年）、西宁（77 年）、温州（55 年）、长沙（49
年）、略阳（49 年）、太原（48 年）、凤翔（47 年）、临潼（41 年）、
夏县（39 年）、侯马（34 年）、沁阳（33 年）、扬州（32 年）、禹县
（30 年）、淮阳（27 年）、许昌（25 年）、台南（23 年）、苏州（20
年）、沈阳（20 年）、临夏（20 年）、寿县（19 年）、兰州（19 年）、
新宾（19 年）、邢台（18 年）、汤阴（17 年）、肇庆（17 年）、张掖
（16 年）、酒泉（16 年）、阿城（16 年）、靖边（15 年），共 53 处，
涉及的王朝或政权 172 个。另外，还有 79 处历时不足 15 年的都城，共
涉及 90 个政权。在这些古都中，西安、北京、洛阳、开封、安阳、南
京和杭州，无论是就其建都年代而言，还是就其在我国都城发展史上的
影响而言，都堪称我国古都的典型代表，因而被称为"七大古都"。

（王社教等撰文）

古都的选址

　　一个王朝建立之后，定都问题是头等大事，为求江山永固，社稷长
存，统治阶级总是希望能将都城建在"不倾之地""首善之区"。古人
对于都城的选址、营建有着一套严密的理论。

　　早在先秦时期，人们就已懂得观察自然地理形势，寻找合适的方位
选址建都。如《周礼》开篇即说："惟王建国，辨方正位。"《诗经·大雅·公
刘》篇也曾记载周人先祖公刘选址建都时，一再"相其阴阳，观其流泉"。
春秋时期的大政治家管子更有一套较为严谨系统的都城选址思想，他认
为都城应建在物产丰富的"不倾之地"，据《管子·度地》载："故圣
人之处国者，必于不倾之地，而择地形之肥饶者。"《管子·乘马》又
说："凡立国都，非于大山之下，必于广川之上；高毋近旱，而水用足；

下毋近水，而沟防省。"同时又说"因天材，就地利，故城郭不必中规矩，道路不必中准绳"，反映了因地制宜的都城选址思想。周武王当年营建雒邑（今洛阳）的时候就曾亲自勘察洛阳地区的自然地理形势，他说："我南望三涂，北望岳鄙，顾詹有河，粤詹雒、伊，毋远天室。"这是说雒邑南北有山，中间有河，伊河和洛河之北还有广阔的原野可以从容周旋。

都城所在地区的军事地理形势尤为重要，都城所在地区应能控遏四方，要有高屋建瓴之势，如《吕氏春秋·慎势》云："古之王者，择天下之中而立国，择国之中而立宫，择宫之中而立庙。"《太平御览》引《五经要义》也说："王者受命创始建国，立都必居中土，所以总天下之和，据阴阳之正，均统四方，以制万国者也。"汉高祖刘邦选择定都长安（今西安）的决策最能说明这个问题。长安所在的关中平原曾被称为"天府""陆海"，这主要从其良好的经济发展潜力而言。古代关中东有函谷关，北有萧关，西有大散关，南有武关，所以也被称为"四塞之国"。就自然地理环境而言，关中平原北有黄土高原，西有陇山山脉，南有秦岭山脉，东面只有黄河一线与中原相通，易守难攻，军事地理形势极佳。汉高祖本关东（古代函谷关以东曾称为关东）人，加上手下军士多为东南楚地人，所以原本打算定都洛阳，然而在娄敬的极力劝说下，最终定都长安。娄敬认为："秦地（关中）被山带河，四塞以为固，卒然有急，百万之众可具也。因秦之故，资甚美膏腴之地，此所谓天府者也。陛下入关而都之，山东虽乱，秦之故地可全而有也。"即认为关中是形胜之地，四塞以为固，人口众多，物产丰富，是王者之都，一旦关东有乱，可以据关中高屋建瓴，控遏地方。汉高祖最终听从娄敬等人的建议，定都长安。事实证明这个决策是非常正确的，汉景帝时期的七国之乱，汉王朝正是依靠关中之险，迅速平定了关东的叛乱。

除了良好的自然地理形势，都城选址也应考虑其他因素。已故著名历史地理学家、中国古都学会名誉会长谭其骧教授认为，中国古代都城的选址有如下要求：1. 经济上要求都城附近是一片富饶的地区，足以在较大程度上解决统治集团的物质需要，只有少量仰给于远处；2. 军事上要求都城所在地既便于制内，即镇压国境内的叛乱，又利于御外，即抗拒境外敌人的入侵；3. 地理位置上要求都城大致位于王朝全境的中心地区，距离全国各地都不太远，道里略均，便于都城与各地区之间的联系。史念海教授认为：包括地形、山川、土壤、气候和物产等各方面的自然环境是形成都城的首要因素；此外经济因素、军事因素、社会因素对于都城的选择也都具有重要意义。史念海教授进一步分析认为，中国古代王朝都城的选址大多有如下规律：1. 努力探求国土的中心点；2. 都城选择在交通冲要的位置；3. 凭恃险要的地势；4. 接近王朝或政权建立者的根据地；5. 寻求政治中心与经济中心的统一。历史上没有十全十美的都城，不同的历史时期所面对的主要问题不同，总有一个地方是相对完美的都城所在地，但不管怎样，上述都城选址规律大多是历代统治者选择都城时必须考虑的问题。

（王社教等撰文）

古都的布局

在都城营建布局方面，古人也有着一套成熟的思想。早在西周时期，都城的营建与西周严格的宗法制度紧密相连，都城、宫殿和房屋等与人的尊卑、等级等联系起来，都城的营建必须遵循严格的礼制，这在《周礼·考工记·匠人》中得到了很好的体现。据《周礼·考工记·匠人》记载："匠人营国，方九里，旁三门。国中九经九纬，经涂九轨。左祖右社，面朝后市，市朝一夫。"即国都的布局应为正方形，长宽各九里，每边三座城门，经纬各九条街道。左边建祖庙，右边建社稷坛，前面是朝廷和政府办公的地方，后面是交易的市场。不过这样一个四四方方、

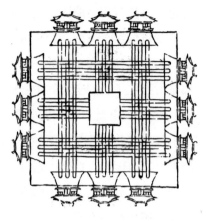

《三礼图》中的周王城图

纵横如棋盘的城市，在我国古代并不是一开始就存在，也没有始终如一的延续下来。

我国古代都城的平面布局结构总体而言主要分为"城"和"郭"两部分，所谓"城"是指国君起居和政府办公的地方，而"郭"则是都城普通民众居住的地域。《太平御览》卷一九三引《吴越春秋》说："鲧筑城以卫君，造郭以居人，此城郭之始也。"《孟子·公孙丑下》也说："三里之城，七里之郭。"《管子·度地》则说："内为之城，城外为之郭。"这些记载表明春秋战国时期的都城一般分为城和郭两个部分，两部分的功能、规模和位置都有明显的区别：城是国君居住的地方，郭则是普通百姓的居地；城较郭小，郭比城大；城的位置一般是在郭的内部。考古发掘的结果也证明先秦时期的都城大多由宫城和外郭城组成，但宫城和外郭城的相对位置各有不同，有的宫城位于外郭城之中，有的则在外郭城之外，与外郭城相连。

此后秦汉都城的平面布局则具有城郭合一的特征。秦咸阳由于秦末战火的焚烧和渭水的不断北徙冲刷，已无从进行全面的考古和发掘，而遗留下来的文献记载又很少，很难窥其全貌。从仅有的文字记载和现有的考古成果判断，它由渭北和渭南两个部分组成。无论是哪一个部分，都以宫殿建筑为主，整个城市无明确的职能分区，宫殿与民居、市场等建筑交错分布。都城咸阳与周围地区的差异不甚明显，在咸阳城周围也从未筑过城墙。汉承秦祚，在都城建设方面虽有所改革，将都城的范围缩小，在宫城外围又修筑了一道城墙，并按《周礼》的规定于四面城墙各开三个城门，但对于宫城的建筑仍然不遗余力，整个都城以宫殿建筑

北魏洛阳大城考古发掘示意图

为主，形成由多座宫城联属而成的宫城群，各宫城之间则夹杂有一般民居及其他功能性建筑，汉长安城实际上是一座由宫城和郭城有机结合的统一整体。东汉洛阳城也是如此，虽然宫殿及其他功能性建筑的具体位置与西汉长安城有所不同，但城的性质没有改变，宫殿面积不仅很大，而且占据城中主要部位，宫城和郭城的功能区分不是很明显。

在我国古代都城平面布局发展史上，北魏洛阳城具有重要地位。北魏洛阳城是在西晋洛阳城的废墟上重建的。建设工程参照西晋洛阳都城宫室遗迹，营造一年余，规模初具。七年后，又于京城四面筑居民里坊及外郭。据记载，北魏洛阳城外郭城东西共有 20 里，南北 15 里，置有 220 个里坊。北魏洛阳城的总体布局，宫城位于京城偏北，京城居于外郭的中轴线上。官署、太庙和永宁寺九层木塔，都在宫城前御道两侧。

城南还设有灵台、明堂和太学。市场集中在城东的洛阳小市和城西的洛阳大市两处，外国商人则集中在南郭门外四通市。宫城、京城（或称皇城）、外郭城功能区分明确，围绕中轴线进行布局，各功能区域不再相互纠缠。后代的都城如隋大兴城、唐长安城、北宋开封城、南宋临安城、元明清北京城和明南京城等，都继承了这一传统。尽管位于北方的都城平面布局可能严整一些，而位于南方的都城则因具体地形的制约，其外围轮廓不是很规则，平面布局也不是很整齐，但宫城、皇城、外郭城区分明确，主要建筑围绕中轴线布局则是一脉相承的。

（王社教撰文）

主都与陪都

历代王朝或政权往往在都城之外，还建置若干陪都或辅京。陪都或辅京的设置实际上是一种政治举措，同时还出于王朝经济、军事等方面的考虑。在国都之外另设辅助性的都城，目的之一是为了加强中央集权统治。

陪都制度肇始于西周，西周于镐京之外营建东都雒邑，以利于加强对东方的政治和经济控制。以后历代继踵相袭，或多或少，陪都数目不一，如曹魏有谯（今安徽亳州）、许昌、长安和邺（今河北临漳）四个陪都，与洛阳并称五都；北周建都长安，以洛阳为陪都；隋代仍以长安为都，以洛阳为陪都，称东京；唐代曾有南京（成都）、北京（太原）、西京（今陕西凤翔）、东京（洛阳）四个陪都，与长安（中京）并称五京；明成祖迁都北京后以南京为留都，以凤阳为中都；清代入关前已建立了兴京（赫图阿拉）、东京（辽阳）、盛京（沈阳）三京，入关后以北京为京师，以盛京为留都等。

历代设立辅京或陪都，具体分析，原因大致有如下数端：1. 作为京都职能的补充，如西周镐京与雒邑、隋唐长安与洛阳、明代南北二京。
2. 表示尊崇兴王发祥之基，如唐北京太原府、北宋南京应天府（今河南商丘）。3. 外狩避难之地，如唐南京成都府。4. 中兴驻跸之所，如唐西京凤翔府。5. 祖陵故里之区，如明中都凤阳府（今安徽凤阳）、清留都盛京（今辽宁沈阳）。6. 仅仅作为一种形式，但实际并不都起陪都的作用，如按方位设置东西南北四京或四辅。这种形式的陪都，其选择亦随首都位置的转移而变换，如后唐同光元年（923）都魏州（今河北大名），建东京兴唐府，以东原府为西京，升镇州（今河北正定）为真定府，建北都；后又以太原为北都，以洛阳为西京；迁都洛阳以后，又改东京为邺都。北宋都开封，则以应天府（今河南商丘）为南京，河南府（今洛阳）为西京，大名府为北京，与东京开封府合称四京。辽代以临潢府为上京（今内蒙古巴林左旗南）、辽阳府为东京（今辽宁辽阳）、析津府为南京（今北京市西南）、大同府为西京（今山西大同），又建中京大定府（今内蒙古宁城西），号称五京。金朝迁中都大兴府（今北京）以后，改辽中京为北京，原北宋都城开封为南京，加上京会宁府亦称五京。

　　由此可见，陪都制度历代王朝虽然遵行，但陪都的数目并不整齐划一，而且各王朝建陪都的初衷不同，陪都的选址也各异。总体而言，中国历史上陪都位置的分布变化受首都位置迁移的影响，首都（或主都）位置作东西轴向摆动时，陪都亦呈东西对应分布；首都（或主都）东移近海时，首都同陪都位置常常南北互置，以有所照应。

（王社教撰文）

从《周礼·匠人营国》到《中国古都和文化》

　　任何一座古都，在其被选作都城时，都是经过一番考虑的，不仅有它的自然基础，还有更多的社会因素，特别是统一王朝或者是政治比较

稳定的王朝的都城，不仅是这一王朝的政治中心，同时也是经济中心、文化中心，它集中地体现了当时的政治、经济、文化等状况，因此对于古代都城的研究自古以来就受到历史学家和其他学者的重视。

《周礼·考工记》和《管子》是先秦时期关于都城选址和布局研究的重要著作，在这两部著作中，对于我国都城的选址原则和布局原则都做了详细讨论，成为我国古代都城选址和布局规划的基本原则。此后，西汉司马迁在《史记·货殖列传》中论述关中的富庶时，不仅追溯了秦国的雍、栎阳和咸阳几个古都，还追溯了周代的豳、岐和丰镐。班固的《汉书·地理志》对于前代的都城也都一一注明，就连诸侯封国的都城也都不遗落。出于六朝人士之手的《三辅黄图》，记载的地区虽涉及关中广大地区，但以记载京师建筑、风物和都城制度为主。其后北魏杨衒之的《洛阳伽蓝记》、宋孟元老的《东京梦华录》、宋吴自牧的《梦粱录》、明李濂的《汴京遗迹志》等都对有关的都城状况做了详尽的记述。

第一位对我国古代都城进行全面系统研究的是明末清初的大思想家顾炎武。其所著《历代宅京记》，又称《历代帝王宅京记》，共二十卷。此书是顾炎武所著《肇域志》和《天下郡国利病书》的姊妹篇，主要是辑录历代都城的有关历史资料。其中卷一至卷二为总序，综述上古至元代的建都沿革，涉及首都、陪都共四十六处；卷三至卷六为关中，专叙关中历代所建都城及其建制；卷七至卷九为洛阳，专叙历代在洛阳的建都情况；卷十为成都，卷十一至十二为邺，卷十三为建康，卷十四为云中，卷十五为晋阳、太原、大名，卷十六为开封，卷十七为宋州、临安，卷十八为临潢，卷十九为幽州，卷二十为辽阳、大定、会宁、开平，分别叙述各代在这些地区的建都情况。其所记都城虽仅局限于三皇、五帝、夏、商、周、秦、汉、三国、两晋、南北朝、隋、唐、五代、两宋、辽、金、元一系列正统王朝的都城，而于先秦列国、五胡十六国、五代十国等中原分裂时期的大小政权以及自匈奴鲜卑以来至后金、准噶尔等各边区民族政权的都城多付阙如，但就所涉及的古都来说，所录资料内容全

面，仍然具有重要的参考和文
献检索价值。

除此之外，在我国浩如烟
海的历史典籍中，关于古代都
城的研究著作还有西晋陆机的
《洛阳记》、唐韦述的《两京
新记》、宋张礼的《游城南记》、
元骆天骧的《类编长安志》与

近年有关古都研究的重要著作

李好文的《长安志图》、明刘侗《帝京景物略》、清徐松的《唐两京城
坊考》与周城的《宋东京考》等。除了这些专事研究、著录古代都城的
著作，历代正史中的地理志、郡国志、地形志与地方志、笔记、游记等
历史典籍中也包含有大量关于古代都城的记载。总体而言，建国以前，
古都研究集中于古都文献的汇集、古都名物的考证等方面。

中华人民共和国成立后，国内学者在传统古都研究的基础上，继往
开来，摆脱了传统研究视角的窠臼，开辟了中国古都研究新的领域。随
着古都研究学术队伍的壮大，古都学理论、研究内容、现实作用等方面
都取得了可喜的成就，使中国古都研究走上了科学道路，先后出版了杨
宽教授的《中国古代都城制度史》、陈桥驿教授主编的《中国七大古都》
等大量的经典著作。在这些研究者当中，史念海教授对于中国古都的研
究，做出了不可磨灭的贡献。史念海教授于 1983 年发起成立了"中国
古都学会"，并提出了"中国古都学"的学科概念。史念海教授说，"中
国古都学是研究我国古都的形成、发展、萧条乃至于消失、或经过改革
成为新的城市的科学"；"研究历史上的都城，不是发思古之幽情，而
是为了当前建设的需要"。史念海教授认为中国古都学研究的内容包括：
了解古都的自然因素；说明古都的经济基础；论述古都的上层建筑；探
索古都演变的规律。这就奠定了中国古都学研究的理论基础，为中国古
都学的研究开辟了新的方向，也使中国古都研究成了以马克思主义理论

为指导的一门科学。1998 年，史念海教授的古都学专著《中国古都和文化》一书出版，不仅对古都学的基本理论和研究方法进行了系统阐述，对我国古都建设中的许多具体问题也做了深入探讨，从而成为中国古都学研究的不朽之作。

（王社教撰文）

大古都之争

我国历史悠久，古都繁多，作为都城年代的长短以及在我国都城发展史上的地位都有不同，有的曾经做过大一统王朝或较大地区政权的都城，有的只做过分裂割据时期王朝或政权的都城，因此虽同是古都，等级却有着相当大的差别。二十世纪二十年代，一些学术界的论著将西安、洛阳、北京、南京、开封并列为"五大古都"；三十年代又将杭州加入列为"六大古都"。此后"六大古都"成为普遍流行的称谓，得到大多数学者的认可，一直沿袭到八十年代。1982 年，谭其骧教授在《历史教学问题》上发表《中国历史上的七大首都》一文，指出商代的殷和六朝的邺就像西周的丰镐、秦咸阳、汉唐长安一样，应视为同一个古都，其在历史上的重要性，至少不下于杭州，应列入七大古都之一。这一提法立即在学术界产生了较大的反响，引发了一场"大古都"之争，马正林教授、邹逸麟教授、葛剑雄教授等都纷纷发表了自己的看法。经过讨论，"七大古都"说得到学术界大多数学者的认可，基本成为定论。1988 年 8 月在安阳市召开的中国古都学会上，通过了将半个世纪以来通行的"六大古都"的提法改为"七大古都"，并由原《中国六大古都》的主编陈桥驿教授新编一本《中国七大古都》。该著作于 1991 年出版。

"七大古都"的论战刚刚尘埃落定，"八大古都"的论战烽烟又起。1993 年在郑州召开的"郑州商城与殷商文明国际研讨会"上，与会的一些学者倡议把郑州列为中国八大古都之一，但并未得到太多学者的响应。直到 2004 年 11 月，"郑州商都 3600 年学术研讨会暨中国古都学会 2004 年年会"在郑州召开，会后以纪要的形式将郑州列为中国第八大古都，似乎"七大古都"说已成过时之论。郑州诚然做过商代的都城，现今也是我国著名的大都市，但能否成为"大古都"确实还需进一步的讨论。"大古都"与"大古都城市"的概念不一样，"大古都"是就古都的历史地位而言，一个古都是否应列为大古都之一，不仅要看以此为都城的政权地有多大，建都时间有多长，还要看作为都城时是否经过认真的选择，要看其作为都城时在我国古代都城建设和发展史上是否具有重要的地位；"大古都城市"则是就古都城市在当今的发展而言，是指曾经做过古都的城市在今天的发展状况，一个古都城市是否称得上大古都城市，只看今天的发展规模，而不必追究其在都城发展史上的地位。从这个方面看，将郑州列为大古都城市可能比列为大古都更合适。

（王社教撰文）

二 回首可怜歌舞地，秦中自古帝王州

——由丰镐到长安

建都朝代最多、建都历史最长的古都

位于秦岭北麓的渭河平原是秦人的发祥地，也是秦帝国的根本所在，自古被称为秦中。又因其东有函谷关，南有武关，西有散关，北有萧关等著名关口，而被称为关中。

渭河平原东西八百里，南北数十里至上百里不等，为渭河及其支流泾河、洛河浐河、灞河、沣河等河流冲积而成，原隰相间，河川密布，土壤肥沃，适宜农耕，是我国古代最富庶的经济区之一。西汉时期著名史学家司马迁在其历史名著《史记》中说："关中之地，于天下三分之一，而人众不过什三，然量其富，什居其六。"西汉开国名臣张良更称其为"天府之国"。

渭河平原东有黄河天堑，南有巍巍秦岭，西有陇山阻隔，北为茫茫沙漠和沟壑纵横的黄土高原，军事地理形势极为重要，进可攻，退可守，古人常称之为"金城千里"，"四塞以为固"。

优越的自然资源，雄厚的经济实力，理想的军事地理形势，使得渭河平原自古以来就成为建都立业的首善之区。特别是今西安市一带，因其处于管毂四方的区位特点和泾、渭、灞、浐、沣、滈、涝、潏"八水绕长安"的地理优势，成为我国古代建都朝代最多和建都时间最长的地区。史念海教授曾在《中国古都概说》一文中对我国古都的数目和建都年代进行了全面系统的缜密考证，根据他的统计，曾经有西周、秦、西汉、新莽、隋、唐六个统一王朝，前赵、前秦、后秦、西魏、北周五个

西安鼓楼

分裂时期的政权，东汉献帝和西晋愍帝两个末代皇帝以及汉更始帝刘玄、赤眉帝刘盆子、大齐皇帝黄巢三个农民起义政权在西安附近建都，建都时间共 1077 年。唐代著名诗人杜甫有诗"回首可怜歌舞地，秦中自古帝王州"，正是对关中历史地位真实而生动的写照。

（王社教撰文）

丰镐遗址的发现

在西安地区第一次建立全国性都城的是西周。《诗经·大雅·文王有声》说："文王受命，有此武功。既伐于崇，作邑于丰。文王烝哉！……考卜维王，宅是镐京。维龟正之，武王成之。武王烝哉！"也就是说，丰邑为文王所建，镐京乃武王所建。但是，由于年代久远，史料缺乏，文王建丰的确切年代很难确定，截至夏商周断代工程完成之前，至少有 44 种结论。随着新的科学技术手段的不断进步和考古学的不断发展，这一长期争论不休的问题现在终于得到了解决。1996 年 5 月，夏商周断代工程启动，采用社会科学和自然科学相结合、多学科交叉的方法进行研究，于 2000 年 10 月公布了《夏商周断代工程 1996—2000 年阶段成果报告》，将公元前 1046 年定为武王克商的首选之年。这样据《史记·周本纪》的记载，就可以推定武王元年为公元前 1057 年，文王建丰的年代为公元前 1059 年。此即西安地区始都之年代，也是西安地区建城之起始年。自此至公元前 771 年周幽王被犬戎所杀，平王东迁，西周在丰镐建都历时共 289 年。

丰本是崇国，因沣水而得名；镐在沣水之东，因滈池而得名。丰、镐两京的位置，据考古发掘，分别位于今西安市以西约十五公里处沣河的东西两岸，基本上东西一条线，两地隔沣水相望，距离很近。实际上，武王虽建都镐京，但对丰京并未放弃，丰邑在周王居镐以后，仍然保留了周王的宗庙，西周诸王还是常居于丰或在丰处理国家大事。武王之所以在丰京之外又建镐京，是因为丰京东临沣水，西濒灵沼河，是一个地形狭长的地带，若进一步发展要受自然条件的限制，而沣水东岸地势开阔，只有向沣水东岸发展才是唯一的出路。因此丰和镐一样，在西周时期都是政治中心，二者只是一个城市的两个不同的分区而已。

大约在周幽王被杀之时，丰、镐二都的部分宫室即遭到损毁，平王东迁之后，进一步遭到破坏，逐渐湮没。不过，由于当地在历史上还一直保留有不少与丰镐二京相关的地名，如沣水、滈水、滈池等，到了汉唐时代，史学家在谈论丰、镐时，虽无法确切指出它们的具体位置，但仍能指出它们的相对位置。他

丰镐遗址

们认为，丰邑在沣水西，靠近沣水，位于长安城西南户县境内，而镐京位于沣水之东的滈池附近，亦即在汉代的昆明池内。后来，由于沣水的改道和滈池、昆明池的干涸，除了相关的一

丰镐遗址车马坑

些地名还能够透露出某些历史信息，丰、镐二京的遗址就无处追寻了。

无论是就我国早期的历史而言，还是就我国的城市发展史和都城建设史而言，丰、镐无疑都具有非常重要的地位，因此对丰、镐地区进行考古调查、勘探、发掘显得尤为必要。早在二十世纪三十年代，当时的中央研究院就曾根据历史文献的有关记载，先后两次组织对丰、镐地区进行调查。中华人民共和国成立后，中国科学院考古研究所、中国社会科学院考古研究所、陕西省考古研究所、西安市文物保护考古所，都曾先后在这一地区开展过工作，并取得了一定的成绩。

西周都城丰、镐的考古调查工作始于1933年。前北平研究院史学研究会徐炳昶先生在今西安市西斗门镇至丰、镐地区进行实地勘察，从发现的文化遗存的性质上初步确定了镐京旧址的方位。1935年，陈子怡先生在《由昆明池而溯及镐京丰邑》一文中，大体上确定了周代的滈池旧址，从而初步勾画出了镐京遗址的方位和范围。从1951年开始，中国社会科学院考古所、陕西省文管会、西安市文管会在沣河两岸的丰镐地区进行了一系列正规的考古调查和发掘工作，发现了大量属于西周的文化遗存、墓葬和建筑基址，基本上弄清了丰、镐二京的具体位置和范围。根据考古钻探和发掘，今沣河西岸客省庄、张家坡、马王村、冯村一带应是丰京所在地，而沣河东岸斗门、普渡、落水村一带是镐京所在地。1959年，在马王村村北的发掘中，首次发现两处残缺的西周夯土基址，

表明这一带可能是丰邑的中心所在。1984—1986年，镐京考古工作队对位于滈河故道的郿鄠岭高冈地带的五号宫殿基址进行了发掘，发现五号宫殿的建筑布局是以东西为中轴线的对称建筑，夯土台基的中心部位是主体建筑，推测可能是重檐式的高大宏伟建筑，南北两侧对称的建筑物可能是东西侧房、东西厅房、东西内厦。这样的一组建筑充分体现了主次分明、错落有致、浑然一体的高台建筑的特色。因为五号基址与四号基址同处在东西平行线上，因此很可能属同一组建筑物。中国古代城市是国家和王权的象征，在城市规划布局上也是以天子宫室为中心进行。《周礼·考工记》中的匠人营国，正是把王宫置于中径之途，即城市的中心部位。因此，以五号宫殿基址为代表的宫殿区，很可能是镐京的中心。

（王社教撰文）

没有城墙的都城

咸阳是我国第一个封建大一统王朝——秦朝的都城，因其北依咸阳原，南临渭水而得名，唐司马贞为《史记》所作《索隐》说："咸训皆，其地在渭水之北，北阪之南。水北曰阳，山南亦曰阳，皆在二者之阳也。"

当提到秦都咸阳城时，人们总是用"山河千里国，城阙九重门"这样的诗句来描述它巍峨的雄姿。

秦咸阳城出土的瓦当

其实，在浩如烟海的文献记载中有关咸阳城的记载却是少之又少，仅有的一些记载也大多是像"渭水贯都，以象天汉；横桥南渡，以法牵牛""筑成都以象咸阳"这样一些不着边际的陈陈相因之词。秦都咸阳到底是否如我国古代其他都城一样有自己的城墙，秦都咸阳的城郭形状和规模究竟如何，是考古学家和历史工作者一直在探讨的关键性问题。然而自二十世纪五十年代末对秦都咸阳故址开始调查和试掘以来，经过几代考古工作者的努力，仍然没有获得有关咸阳城址的踪迹。

秦都咸阳为什么找不到城，在学者中间存在着不同的解释。大多数人认为咸阳应该如我国古代其他城市一样，原本是有城的，只不过是由于渭水长期泛滥和不断向北移动而被冲毁了。也有人提出秦都咸阳根本不存在郭城的观点，认为"早期的咸阳城是以孝公时的'冀阙宫廷'为基点向外展开的。而且仅有宫城，并不曾形成真正的外郭城，充其量也不过是向西南扩展的附郭而已。也许诸多宫城的连属，就是咸阳的大城"。前一种观点无疑是错误的。如果说是因为渭水的向北移动冲毁了咸阳城，那么秦咸阳所有的遗存都将不复存在，然而考古工作者在渭北却发现了面积广大的宫殿区和手工业作坊、商业、居民区，唯独没有发现城的任何痕迹。很显然，秦都咸阳事实上本就没有筑过城墙。

秦都咸阳不遵循传统修筑城墙，与当时的政治环境和都城建设思想是一致的。从仅有的文字记载和现有的考古成果判断，秦都咸阳由渭北和渭南两个部分组成，无论是哪一部分，都以宫殿建筑为主，整个城市无明确的职能分区，宫殿与民居、市场等建筑交错分布。据《史记》记载，秦咸阳城始筑于秦孝公十二年（前350），以后，秦每破诸侯，即"写放其宫室，作之咸阳北阪上，南临渭，自雍门以东至泾、渭，殿屋复道周阁相属"，而诸庙及章台、上林诸建筑则皆在渭南。秦始皇二十七年（前220），于渭南作信宫和甘泉前殿；三十五年（前212），以咸阳人多，先王之宫廷小，又于渭南上林苑中营作朝宫，"先作前殿阿房，东西五百步，南北五十丈，上可以坐万人，下可以建五丈旗。周驰为阁道，自殿下直抵南山。表南山之巅以为阙。为复道，自阿房渡渭，属之咸阳，以象天极阁道绝汉抵营室也"。由此可见，渭南和渭北已连接为一个统一的整体，两者之间不再有什么差别，都已成为秦宫殿的密集分

布区。正因为如此，《三辅黄图》才说秦都咸阳是"渭水贯都，以象天汉；横桥南渡，以法牵牛"。由于以咸阳为中心的宫殿建筑众多，范围广大，"北至九嵕、甘泉，南至鄠、杜，东至河，西至沂、渭之交，东西八百里，南北四百里，离宫别馆，相望联属"，都城咸阳与周围地区的差异不甚明显，因而在咸阳城周围可能从未筑过城墙，咸阳城是以周围的山川作为自己的郭城的。《三辅旧事》即记载秦始皇以黄河为秦都东门，以沂水（今千河）为秦都西门，这应该不是没有缘由的。秦都咸阳的这种开放性格局和空前的规模，与秦结束五个多世纪分崩离析的局面，首次建立起空前规模的大一统封建王朝的宏伟气象是一致的。

（王社教撰文）

千古奇案

　　六王毕，四海一。蜀山兀，阿房出。覆压三百余里，隔离天日。骊山北构而西折，直走咸阳。二川溶溶，流入宫墙。五步一楼，十步一阁。廊腰缦回，檐牙高啄。各抱地势，钩心斗角。盘盘焉，囷囷焉，蜂房水涡，矗不知其几千万落。长桥卧波，未云何龙？复道行空，不霁何虹？高低冥迷，不知西东。歌台暖响，春光融融。舞殿冷袖，风雨凄凄。一日之内，一宫之间，而气候不齐。

　　妃嫔媵嫱，王子皇孙，辞楼下殿，辇来于秦。朝歌夜弦，为秦宫人。明星荧荧，开妆镜也。绿云扰扰，梳晓鬟也。渭流涨腻，弃脂水也。烟斜雾横，焚椒兰也。雷霆乍惊，宫车过也。辘辘远听，杳不知其所之也。一肌一容，尽态极妍。缦立远视，而望幸焉，有不得见者三十六年。

　　燕赵之收藏，韩魏之经营，齐楚之精英，几世几年，取掠其人，倚叠如山。一旦不能有，输来其间。鼎铛玉石，金块珠砾，弃掷逦迤。

阿房宫白描图

秦人视之，亦不甚惜。

嗟乎！一人之心，千万人之心也。秦爱纷奢，人亦念其家。奈何取之尽锱铢，用之如泥沙！使负栋之柱，多于南亩之农夫。架梁之椽，多于机上之工女。钉头磷磷，多于在庾之粟粒。瓦缝参差，多于周身之帛缕。直栏横槛，多于九土之城郭。管弦呕哑，多于市人之言语。使天下之人，不敢言而敢怒。独夫之心，日益骄固。戍卒叫，函谷举。楚人一炬，可怜焦土。

呜呼！灭六国者，六国也，非秦也。族秦者，秦也，非天下也。嗟夫！使六国各爱其人，则足以拒秦。秦复爱六国之人，则递三世，可至万世而为君，谁得而族灭也？秦人不暇自哀，而后人哀之。后人哀之而不鉴之，亦使后人而复哀后人也。

这是唐代大诗人杜牧《阿房宫赋》对秦阿房宫的描述。受其影响，千百年来，无论是历史著作，还是电影小说，在人们的印象中，阿房宫

是一处规模宏大，建筑辉煌，其间宫女无数，极尽人间奢华的宫殿建筑群，后来在秦末农民起义军攻下咸阳时，被项羽一把火烧为灰烬。

杜牧对阿房宫的描述不过是诗人的一种夸张，是对史料的进一步发挥。阿房宫按计划有规模施工的时间前后是两年零七个月，动工于秦始皇三十五年，即公元前212年，秦二世二年冬（前210）因数十万起义军汹涌而至，帝国陷入混战之中，工程被迫停止。其间始皇病逝埋葬骊山，因集中人力覆土需要，将阿房宫建设工地上的劳力抽调到骊山园，中间停工七个月。司马迁在他的史学名著《史记》中记道：秦始皇三十五年，"始皇以为咸阳人多，先王之宫廷小……乃营作朝宫渭南上林苑中。先作前殿阿房，东西五百步，南北五十丈，上可以坐万人，下可以建五丈旗。周驰为阁道，自殿下直抵南山。表南山之巅以为阙。为复道，自阿房渡渭，属之咸阳，以象天极阁道绝汉抵营室也"。又道："诸侯兵至，项籍为从长，杀子婴及秦诸公子宗族。遂屠咸阳，烧其宫室，虏其子女，收其珍宝货财，诸侯共分之。""居数日，项羽引兵西屠咸阳，杀秦降王子婴，烧秦宫室，火三月不灭。收其货宝妇女而东。"这是对秦阿房宫最早也是最详细的记载。杜牧大概就是以此为据对阿房宫的方方面面做了进一步的加工吧。

最近的考古勘探表明，这种流传了两千多年的观点是错误的，阿房宫既没有完全建成，项羽焚烧阿房宫更属无稽之谈。

阿房宫"前殿"遗址

经国家文物局批准，2002年10月中国社会科学院考古研究所和西安市文物保护考古所联合组建了秦阿房宫考古工作队，对阿房宫"前殿"遗址进行考古勘探和发掘。在两年多时间里，考古人员勘探的面积达 35 万平方米，试掘和发掘面积也有 3000 平方米。根据勘探和试掘资料，考古史上首次对阿房宫"前殿"遗址有了较准确的了解：遗址夯土台基东西长 1270 米，南北宽 426 米，现存最大高度为 12 米；夯土层的厚度一般为 5～15 厘米，夯窝的直径 5～8 厘米；夯土的总面积达 541020 平方米，个别区域夯筑的厚度竟达 10 米左右。这是迄今所知中国乃至世界古代史上规模最宏大的夯土基址，表明基本上整个阿房宫区域全部以夯土筑造地基的形式来抬升宫区的高度，而不仅仅是夯筑前殿的基础。但通过几条探沟的试掘，发现除了夯土台基北边缘有夯筑土墙遗迹和大量建筑倒塌堆积外，并没有发现高出阿房宫基础夯土台之上的夯土台，更不用说发现其上的建筑遗迹了。这表明当时整个工程仅完成了宫区地基的夯筑和围墙的建造，前殿和宫区内的其他建筑均尚未建造。

在这次历时两年多的考古勘探中，在 35 万平方米所能勘探的区域内，考古人员曾特意寻找，想发现一些红烧土、草木灰等火烧痕迹，但结果大失所望，发现的红烧土只有少量的几块。这与秦咸阳和秦始皇陵建筑遗址的发掘情况明显不同。秦咸阳、秦始皇陵建筑遗址和阿房宫均处在相似的环境中，周围也是村庄密集，后代人类活动频繁，程度剧烈，但是前两处到处可见红烧土和木炭遗迹。两相对比，考古人员对秦末阿房宫是否也遭到火焚提出了怀疑，认为项羽火烧阿房宫属无稽之谈。

考古工作者的这一发现是于史有征的，司马迁在《史记》中其实已经明确地说过："阿房宫未成；成，欲更择令名名之。作宫阿房，故天下谓之阿房宫。"他在说项羽"遂屠咸阳，烧其宫室""烧秦宫室，火三月不灭"时也只是说烧了秦咸阳的宫室，没有说阿房宫也被烧毁。实际上，阿房宫前殿和宫区内的其他建筑尚未建造，当然也就不存在烧与不烧的问题了。过去人们相信阿房宫被烧，是对早期文献不究其理和望文生义，及继之对杜牧《阿房宫赋》描绘的状况笃信不疑等原因造成的。

（王社教撰文）

27

斗城之来由

汉长安城平面形状为不规则的方形，除东城墙系一直线外，南、西、北三面城墙都有不同程度的曲折，尤以北墙最甚，达7处之多。北墙西端比北面西头第一门横门偏南约500米，横门比北面中门厨城门偏南约200米，厨城门比北面东头第一门洛城门偏南约800米，而洛城门又比北墙东端偏南约300米。整个城墙呈西南—东北曲折，城墙西端比东端偏南近2000米。而且城墙西端和横门之间以及厨城门和洛城门之间的方向不正，由西南向东北倾斜。南墙有4处曲折，中间一段向外突出，西段则比东段偏南，中间的安门比东边的覆盎门偏南约900米，西边的西安门比安门偏北约200米。西城墙有2处曲折，位于未央宫西的南段比位于桂宫西的北段偏西约200米。这种曲折，与天上的南斗和北斗星十分相似，因而在古代人们又称之为"斗城"。

汉长安城为什么要建成这样一种形状？《史记》《汉书》等早期史籍均无明确记载。《三辅黄图》《三辅旧事》《周地图记》等魏晋时著作都认为是建城时有意为之。这一说法在元以前一直很盛行，唐李吉甫《元和郡县图志》、宋宋敏求《长安志》和元骆天骧《类编长安志》等著名志书都沿用了这样的说法。但元代的李好文对此提出了怀疑，他在所著《长安志图》中说：《三辅旧事》和《周地图记》说长安城南为南斗形，北为北斗形，从城的平面形状来看，确实是这样，但《汉书·地理志》以及班固的《西都赋》和张衡的《西京赋》都没有这样的说法，这一说法缺乏文献根据。"以事理考之，恐非有意为也"，他认为长安城的弯曲主要是受宫殿建筑在前，城墙建筑在后，以及渭河自西南流向东北两个因素的制约："盖长乐、未央，酇侯（萧何）所作，皆据冈阜之势，周二十余里，宫殿数十余区。惠帝始筑都城，酇侯已没，当时经

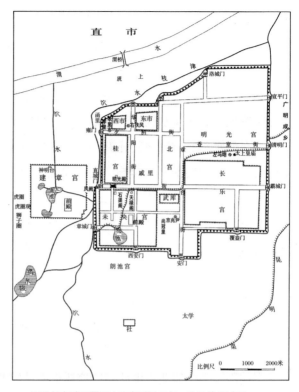

汉代长安城平面图（武帝后元二年，公元前 87 年）

营必须包二宫在内。今南城及西两方凸出，正当二宫之地，不得不曲屈
以避之也。其西二门以北，渭水向西南而来，其流北拒高原，千古无改，
若取东城正方，不惟大宽，又当渭之中流。人有至其北城者，言其委曲
迁回之状，盖是顺河之势，不尽类斗之形。以是言之，岂后人偶以近似
而目之也欤？"李好文第一次将汉长安城的形状与周围的地理环境联系
起来，更具科学性。但在他那个时代，以及更前的西汉时期，封建统治
者总是要将自己的言谈举止加以神化，强化君权神授的观念。对于都城
的布局自然也是如此。就像唐长安城那样，因为城内自北而南恰好有六
条东西向的高坡，因而就被附会成《周易》中的乾卦之象，汉长安城因
有这样的曲折，而被附会成天上的南斗和北斗，也是理所当然，可能在
阳成延建造长安城时就已有这样的说法。

由于李好文的解释抓住了问题的本质，因而得到当今大多数学者的赞同。但李好文的说法仍显得过于简单，有些解释也不免牵强。如南墙为什么中间一段要向外突出？东段为什么要向内缩，不与西段成一直线？北墙为什么非顺渭水曲折不可？为什么不取西城正方？根据北魏郦道元所撰地理名著《水经注》的记载，汉魏时渭水距北面西门横门尚有三里，在渭水和北城墙之间还有一条沇水枝津，呈西南—东北流向。如果说汉长安城北墙受渭水影响，还不如说是受沇水枝津的制约。因此，这一问题还需要进一步研究。

汉长安城南、西、北三面城墙弯曲的原因各不相同，但都与当地的微地貌景观有关。南城墙的弯曲诚然与长乐宫和未央宫建筑在前、城墙修筑于后有关，但更确切地说，主要还是受当地微地貌景观的制约。长乐宫和未央宫本身的位置就是受龙首原走向的影响。为营造皇宫的凌空之势，使之显得更加宏伟壮丽，长乐宫和未央宫均建筑于龙首山顶部。龙首山在汉长安城南部呈西南—东北走向，因此未央宫和长乐宫的位置就一个偏南，一个偏北。由此相应地造成南城墙西段要比东段偏南。

此外，在汉长安城东南城墙遗址外侧，现有一条长六千多米的积水洼地。此洼地北起雷家寨东，紧贴汉长安城城墙，曲折向西南，迄于西叶寨南。从其形状来看，这个洼地应是修筑汉长安城时开挖的护城河遗

汉未央宫出土的瓦当

迹，但从周围的地形判断，应是在汉长安城修筑以前就存在的，只是在修筑长安城时又对其进行了一番整修而已。因为若是汉代护城河的遗迹，汉长安城周围其他地段也应有所显露，但现在都平坦无遗。根据考古勘查，长安城外护城河的宽度为八米，深度为三米，远远不及现在这条洼地的规模。从西安附近

阶地分布图可知，在今西安市雁塔区马军寨东，有一条古河道向北直达未央区讲武殿南，这片洼地可能就是这条古河道的一部分或分支。城墙是个防御工程，沿这条洼地内侧修筑城墙，不仅可以减省开挖护城河之工，而且最有利于长安城的防守。如果以未央宫南的南墙西段为准，东西一线，就将横穿这片洼地，并将其中一段置于长安城内，使南墙失去防御能力。当然，更不能以南墙东段为准，径直西向，那样就会将未央宫切割成两半。由于这片洼地在李下壕村南又直转向南，为了充分利用这片洼地，南墙中段也就随之向南突出。

西墙的弯曲虽然与未央宫修筑在前有关，但主要还是受沈水的影响。据《水经·渭水注》的记载，沈水在樊川附近流出皇子陂，西北经下杜城、汉长安城西、建章宫凤阙东，今潏河大致即其故道。在凤阙之北，分为两支，一支流向西北，入建章宫，经神明台，北流注渭；一支东北流，称沈水枝津，于横桥之东与渭水相会。受沈水枝津的制约，西墙北段也只有向东偏移，否则就得横跨沈水之上，也不利于长安城的建筑和防御。

李好文说北墙的弯曲主要是受渭水流向的制约，看到的只不过是表面现象，实际上也犯了"偶以近似而目之"的错误。如前所述，根据《水经注》的记载，其时渭水北距横门还有三里，在渭水和北墙之间还有一条沈水枝津。即使说自西汉初年至北魏郦道元作《水经注》时又经历了七百余年，渭水有可能向北移动，但西汉初年的渭水至少也在横门以北1200米外，因为考古工作者已经在横门遗址以北找到南北长约1200米的横桥大道。汉长安城北墙既非濒渭水而筑，也就很难说它为什么要顺渭水之势，迂回曲折。

北墙的弯曲主要受渭河一级阶地北缘的制约。汉长安城除未央宫和长乐宫坐落在龙首山上以外，其余大部分都位于龙首山北麓，也就是渭河南岸的一级阶地上。从西安附近阶地分布图可以看出，渭河南岸一级阶地与高漫滩地的分界线在今西安市北郊呈西南—东北走向，大致经过今师家营、泥河村、阎家村、相家巷、席王村、张道口、北党村、东兴

隆、草滩镇等地。汉长安城北墙的走向和所经地点与此正相同，这应不是巧合，而是有意为之。渭河一级阶地一般高出河漫滩 1～8 米，组成物质为全新统下部冲积层，以中细沙、中粗沙为主，夹薄层黏土、亚黏土，与高漫滩以沙、沙砾为主，夹薄层不稳定的亚沙土、亚黏土有所不同。在工程地质上，前者属黄土类土，后者属河漫滩沙砾卵石类，从安全角度考虑，汉长安城不能将城区扩展到河漫滩上，因为那样容易遭受洪水的威胁，墙基也不牢固；又必须将一级阶地全部括入城内，充分利用其地势，增强城墙的军事防御能力。

汉长安城的东部，全部位于渭河南岸一级阶地上，地形较其他三面最为完整，既无河流洼地阻隔，又无高坡台地相挡，南北高差在十米以内，城墙也就无须曲折回避。

（王社教撰文）

布局最严整的都城

百千家似围棋局，

十二街如种菜畦。

遥认微微入朝火，

一条星宿五门西。

这是唐代大诗人白居易在其《登观音台望城》中对唐长安城的描述，非常形象贴切地展示出唐长安城在布局结构上的严整。

唐长安城的前身是隋大兴城。隋文帝统一全国，结束长期分裂动乱之后，仍把都城设在西汉的长安。然而这只是权宜之计，居住在已经破败不堪的长安城中，隋文帝感到局促而窘迫，因此很想修建一座新的都城，来展示他的帝王气象。更主要的是，因为汉长安城历时已久，城中宫宇朽蠹，供水、排水严重不畅，污水往往聚而难泄，以致生活用水多受污染，水质咸卤，难以饮用；同时，位于龙首山北的汉长安城址附近不够开阔，也难以进一步扩大城市规模，而且北临渭水，地势低平，渭河不时南北摆动，常有水淹之患。各种主客观因素都显示有必要另择新址重建皇都。经过一番权衡和调查之后，隋文帝最终将都城的新址选在了与汉长安城相对的龙首原南侧，也就是今天西安市城址所在地。

隋的新都城是隋文帝开皇三年（583）六月下诏动工修建的，工程的具体设计和督造人是太子左庶子宇文恺。整个工程的进行速度很快，第二年三月即已基本建成宫室，同月，隋文帝正式迁入新都。当时除外郭城垣还来不及建成外，其他如宫城、皇城、宫殿、官署、坊里、住宅、两市、寺观，以及龙首、清明、永安等引水渠道均已建成。其速度之快，在今天看来，也令人难以置信。

隋的新都被命名为大兴城，这是因为隋文帝在北周时曾受封为大兴郡公。同时，隋文帝还把宫城命名为大兴宫，宫城正殿命名为大兴殿，大兴殿外正门命名为大兴门，新都所在的万年县改名为大兴县，新设禁苑命名为大兴苑。这样到处都用"大兴"来命名，除了纪念龙兴之本外，也有希望借此表征隋运永兴不衰的意思。

大兴城的建设是宇文恺完全按照预先的总体规划设计进行的。宇文恺是一位非常杰出的建筑设计家，他把都城平面布局规划得十分规整。

从整体来看，大兴城是一个东西略长、南北略窄的长方形。根据考古实测，从东墙的春明门到西墙的金光门之间，东西长为9721米；从南墙的明德门到北墙的玄武门偏东处之间，南北宽为8651米。两相比较，东西长出1070米，周长约35500米，面积84平方千米。整个城市由外郭城、宫城和皇城三部分构成，宫城位于全城北部中心，皇城在宫城之南，外郭城则以宫城、皇城为中心向东西南三面展开。

从城市的平面布局看，规划严格讲求左右对称。全城以宫城的承天门、皇城的朱雀门和外郭城的昭阳门之间的连线，亦即昭阳门大街和朱

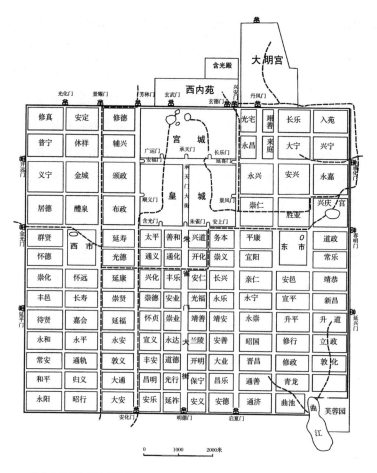

唐代（开元）长安城平面图

雀门大街为南北向中轴线，各类建筑和设施左右展开，对称分布。

宫城也就是大兴宫，是皇帝寝居和处理朝政的场所。宫城内部分三大部分，中间部分供皇帝寝居临朝，狭义的大兴宫或宫城指的就是这一部分。其东为东宫，是皇太子的寝居之地。其西为掖庭宫，是普通宫女的居所。

皇城紧附宫城之南，是朝廷各个部门的办公大院，除个别部门因特殊情况外，几乎全部的国家政府机构都集中在这里。皇城面积约 5.2 平方千米，南北七条大街，东西五条大街。昭阳门街位于正中，把皇城分为东西两半，所有建筑物都以此为中心东西对称布设。自北而南，其东侧依次为东朝堂、门下外省、左武卫、尚书省、左领军卫、太仆寺、太常寺，与此相对称，其西侧依次为西朝堂、中书外省、右武卫、司农寺、右领军卫、宗正寺、鸿胪寺。此外，祖庙和社稷坛也按照《周礼·考工记》"左祖右社"的传统，分别排列在皇城南垣内的东西两侧。

外郭城是一大长方形，面积74.6平方千米，完全采取棋盘式对称布局。城内东西14条大街，南北11条大街，把全城分成大小不等、排列规整的坊市。朱雀门大街为全城的中轴线和主干道，将全城分成东西两半，两侧街道和坊市相互对称。全城共有109坊，朱雀街西为55坊，朱雀街东因为在城东南角被曲江池占去了一坊地，所以比街西少了一坊，只有54坊。根据考古实测，宫城两侧的里坊大体东西长955米，南北宽588米；皇城两侧的里坊大致东西长955米，南北宽808米；朱雀门大街东西两侧第一列各坊东西长514米，南北宽477米；第二列各坊东西长661米，南北宽477米；第三至第五列各坊东西长955米，南北宽477米。此外，在朱雀门大街东西两侧第三和第四条街道之间，金光门和春明门大街之南，还各用两坊地面积修筑了东市和西市。

根据著名建筑学家傅熹年先生多年的潜心研究，隋在规划大兴城时使用了"模数计算"方法，是以宫城之长、宽为模数来规划整个都城的。具体来说，宫城的长、宽比为1.89∶1；宫城、皇城与其西侧（或东侧）外郭城视为一区，以皇城南墙为界，则此区长、宽之比为1.88∶1。以长安城春明门与金光门间之横街为界，将长安城分为南北两部分，其城南（不包括横街120米）部分长、宽之比为1.87∶1。若略去建筑施工上的误差，可以看出隋在规划大兴城时是有意以宫城之长宽比为基准，使外部的一些重要部分是它的相似形。具体规划步骤便是：

1. 按实际需要确定宫城之长宽。

2. 划定宫城东西侧之路宽。

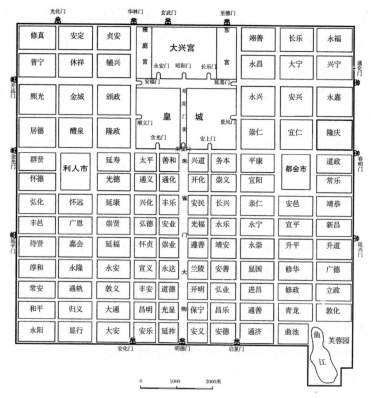

隋代大兴城平面图

3. 自宫城画对角线，下端向西南（或东北）处延长。

4. 自宫城东西两侧道路外侧之北端向外画 45° 线，与宫城对角线之延长线相交，此点即为外郭西（或东）墙之位置和皇城南墙之位置。这样就得出了宫城、皇城南北总宽与外郭城东西之长，并使宫城、皇城东西之长与南北宽相等。

5. 在皇城之南留出东西横街之宽。

6. 于其南部再从横街东（或西）端交外郭东（或西）墙处画与宫城对角线平行之斜线，与对面之外郭西（或东）墙相交，此点即为外郭南墙之位置，它所围出的城南部与宫城为相似形。

　　这样就以宫城为基准陆续推出皇城和外郭城的轮廓。外郭内再以宫城长宽为模数划出大的区块。区块在外郭内部的均匀分布则靠区块间所留东西向横街来调节。这就是整个大兴城的规划手法。

　　用模数控制设计是中国古代建筑设计的传统方法，至迟在南北朝后期就已采用。中国古代建筑群组和城市的一个重要特征是协调统一，运用模数控制规划和建筑设计较容易调整各部分的相互关系，更有助于快速地进行设计。

　　大兴城所选的位置虽然地形开阔，但不像汉长安城那样平坦，整个地势起伏不平，自北向南，隐约有六条东西向的冈坡，俗称"六坡"。后人附会《易经》乾卦之象，说是宇文恺以"朱雀街南北尽郭，有六条高坡，象乾卦六爻"，特意"于九二置宫殿，以当帝王之居；九三立百司，以应君子之数；九五贵位，不欲常人居之，故置玄都观及兴善寺以镇其地"。事实上宇文恺规划大兴城时，虽在一定程度上对地形起伏有所考虑，但总的设计思想是完全把整个城市作为一个平面来考虑的，不然他就不会把大兴城建造成这样规整对称的几何形状了。正因他刻意追求平面布局的形式美，实际上妨害了对于地形的合理利用。即以所谓的"帝王之居"大兴宫来说，恰恰位于全城的最低处，无论是从生活环境还是军事防御角度来说，这里的条件都比不上全城其他地方，根本对应不上所谓的"九二之值"。史载唐高宗时，"恶太极宫下湿，遂迁据东北角龙首山上，别为大明一宫"，直接道出了这里地势环境的恶劣，不适宜为皇宫。再看百司所在的所谓"九三之位"，情形亦与之相同，紧挨着皇城南面的兴道坊，在唐玄宗开元八年（720）曾有一场大雨把全坊五百余家悉数漂没，可以想见其低洼的程度。虽然"九五贵位"上的玄都观和大兴善寺确是宇文恺有意安排，利用了这块高地，但从大兴城内寺观总的分布情况来看，却不能看出高低地形区域之间有什么明显差别，宇文恺显然没有在这上面花费太多的心思。所谓的"六爻"之说，不过与汉长安城"斗城"之说一样，都是出于时人的附会，以强化君权

神授的观念。大兴城布局规划的最大特点，就是平面形式上的整齐对称。

（王社教撰文）

长安八水

　　历史上，长安周围山环水绕，河流众多，西汉时就有"八水绕长安"的美誉。长安八水滋润了广沃的平原，孕育了伟大的古都，浇灌出灿烂的历史文化。这八水指的是渭、泾、沣、涝、潏、滈、浐、灞八条河流。其中，泾水、渭水在长安北面，灞水、浐水贯穿东面，潏水、滈水绕过城南，沣水、涝水流经西面。渭水和泾水源远流长，是发源于外区的过境河，其余六水皆出自南边的秦岭山地。

　　渭水，发源于甘肃省的渭源县鸟鼠山，山下就是渭源县。渭水由渭源县东南流，经陇西、武山两县，再东流，经天水，过陇山，进入陕西省，经过宝鸡、岐山、眉县、扶风诸县，进入西安市区，经周至、鄠邑，过西安城北，至临潼东，出西安市区，过渭南、华县、华阴三县，至潼关县入于黄河，是流经关中地区的最大河流。从春秋时期到秦汉、隋唐，渭河都是重要航道。渭河上的咸阳古渡，几千年来被誉为关中八景之一。

　　泾水，发源于宁夏六盘山，在渭水以北，是渭水的最大支流。泾水由泾源县东流，经甘肃平凉市和泾川县进入陕西省，再经长武、彬县、永寿、淳化、礼泉、泾阳，进入西安市区，至高陵入于渭水。泾水是关中平原上开发利用最早的河流之一，战国时期开凿的郑国渠，汉代修建的六辅渠、白渠，都是以泾水为源头，使关中成为千里沃野。

　　沣水，发源于长安沣峪，北流至咸阳市汇入渭河，位于西安之西。据载，大禹曾经治理过沣河，西周的丰、镐二京就建在沣河东西两岸。秦咸阳、汉长安也位于沣河、渭河交汇处，汉、唐时期长安近郊著名的水体——昆明池也是引沣河水形成的。沣水是古长安一条久负盛名的河流，两岸森林密布，景色诱人，水量丰沛，水质清洁。

涝水，发源于鄠邑秦岭梁（西河），北流至咸阳汇入渭河，与沣河平行，也是绕西安之西的河流。

潏水，发源于长安秦岭北坡，是西安地区最负盛名的河流，为秦、西汉和隋唐时代的都城提供了丰富的水源。潏河在其经过的少陵原、神禾原之间形成了一个土地肥沃、风景优美的平原，即著名的樊川。潏河在牛头寺附近分为两支，向北为泬河，向西则与滈河合流汇入沣河，绕西安之南。潏水原是渭河的支流，唐初杜正伦在神禾原北挖人工河道，改河西流，纳入滈河，成为沣河的支流。

滈水，发源于长安石砭峪，绕西安之南，与潏河在香积寺汇合后向西，在鄠邑秦渡镇附近注入沣河。

浐水，发源于蓝田县汤峪，北流与灞河汇合后注入渭河，是绕西安东面的河流，是灞河的支流。

灞水，发源于现在的蓝田县灞源乡。原名滋水，春秋五霸之一秦穆公为了炫耀其武功，改名为灞水。北流与浐水汇合，流入渭河，全长109公里，绕西安之东，是东西交通必经之地。唐在灞桥东设驿站，亲友出行多在这里折柳送行。沿河岸遍植柳树，春天柳絮纷飞如雪，迎风起舞，"灞柳风雪"便成为长安八景之一。

然而，由于人类活动的破坏，南山上的森林被大量砍伐，唐宋以后，这些河流发生了巨大的变化，八水大多成为暴涨暴落的季节性河流，并逐渐萎缩衰竭，被誉为"天府""陆海"的八百里秦川也失去了八水的滋润，成为干旱地区。昔日为人们津津乐道的"八水绕长安"的优美景象已一去不返。

（樊莉娜撰文）

昆明池

神池望不极，沧波接远天。

仪星似河汉，落景类虞泉。

这是唐代诗人所描绘的昆明池盛景。虞泉即虞州，是神话中太阳隐落的地方。而昆明池落日美景，就像太阳落下虞州一样美丽壮观，让人浮想联翩。如今，这一切早已被历史风尘所掩埋，成为遥远的追忆！

昆明池是西汉上林苑中一处大型人工湖泊，在历史上非常有名。它位于长安城的西南方，今天沣河东岸斗门镇一带，据考古发掘，其遗址面积大约有150公顷。这一带很早就开凿了人工湖泊，在出土的青铜器铭文中，多次提到此处有大池，周王曾在池中泛舟。昆明池开凿于汉武帝元狩三年（前120），据史料记载，汉武帝为了攻打西南地区有湖泊名为滇池的昆明国，模仿滇池开凿昆明池，以操练水军。

昆明池开挖之时，挖出了古人活动形成的黑土，有人解释说这是历史上的"劫灰"。昆明池水面宽阔，除了演习水战外，还是当时皇室、贵族的游乐场所。据史书记载，昆明池岸边，修建了许多离宫别馆，雕梁画栋，金碧辉煌，林树掩映，风景十分迷人。考古工作者也发现不少宫室建筑的遗址。湖中刻有三丈长的石鲸鱼，东西两岸设置牵牛、织女石像。至今这两座西汉石雕尚保存在原地，牵牛石像高258厘米，右手置胸前，左手贴腹，作踞坐状；织女石像高228厘米，作笼袖姿态。石像均用花岗岩雕成，形体高大，雕凿技法古拙淳朴，是中国早期园林装饰雕塑的代表。

昆明池水引自沣河，在长安城西南高地形成一个巨大的湖泊。昆明池及其上游全部位于皇家控制的上林苑中，可以保证水源的清洁和

上林苑

卫生；地势高于长安城，可以自流入城，库容很大，能供给长安这样的大型都城以足够的水源。

唐代近三百年中，又对昆明池进行了几次大规模的浚修和扩建。因水域扩大，加之岸边又修建了新的馆舍等，昆明池景色比汉代更加迷人，烟波浩渺，水天一色，云蒸霞蔚，游人如织，成为当时长安城最吸引人的游览胜地。长安城的达官贵人、墨客骚人络绎不绝，前来领略昆明池的无穷韵味。这种盛况直到唐文宗大和年间（827—835）才发生改变，因为为昆明池输水的石堰堵塞废弃，昆明池逐渐干涸。后来随岁月更迭，昆明池慢慢演变成为布满大小沼泽的低洼农田，直到二十世纪六十年代初期，整个昆明池还是沼泽密布。

昆明池影响非常大。当年，慈禧太后挪用海军经费修建颐和园，其中的湖泊就取名"昆明湖"。北京的昆明湖如今依然美丽，但是古长安城的昆明池早已不复存在，当年琼阁仙境般的宫殿园林，也早已面目全非，或灰飞烟灭，或沉沦地下，留给后世的只有唏嘘声和无限感慨！

（樊莉娜撰文）

昆明池遗址出土的西汉瓦当

三 据天下之脊，控华夏之防

——从区域军事重镇蓟城到共和国的心脏北京

蓟城的兴起

蓟城是西周初年周武王分封的诸侯国蓟国的都城。蓟城始建于何时，由于缺乏文献记载，学术界尚无定论。"蓟"这个名称，最早见于《礼记》中的《乐记》："武王克殷，反商，未及下车，而封黄帝之后于蓟。"意为周武王消灭了殷商势力之后，立即着手分封黄帝的后代于蓟。"蓟"是武王分封的诸侯国名，也是当时的国都所在。"封黄帝之后于蓟"是沿袭旧名，而非新始。但可以肯定的是，至少在西周初年的时候，今天的北京城附近已经有一座被称为"蓟"的城市了。这就是北京城的前身，北京城作为一个都城发展的历史由此开始。

关于为什么将这座城市称为"蓟"，众说纷纭。北魏大地理学家郦道元在他的名著《水经注》中写道："昔周武王封尧后于蓟，今城内西北隅有蓟丘，因丘以名邑也，犹鲁之曲阜，齐之营丘矣。"他认为"蓟"这个城市名称来源于城内西北角的蓟丘，如同鲁国的曲阜、齐国的营丘一样，都得名于当地一个突出地面的土丘。学者大多赞同郦道元的说法。蓟城的位

蓟门烟树

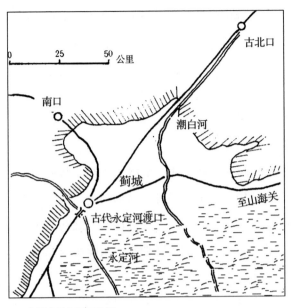

燕国蓟城位置示意图

置，约在今北京广安门附近。现在白云观西墙外原有一处高丘，"文革"时被铲平，很可能就是古代蓟丘的遗址。考古工作者曾在土丘下发掘出一段埋藏在地下的古城墙和一些汉代至隋唐间的遗物。

另外还有一种说法。北宋年间，宋政府向辽纳银贡绢换取和平。但契丹人屡屡生事，索要土地。宋神宗所派谈判官员往往因对地理不熟而被唬得哑口无言，宋神宗只好派通晓天文地理的沈括赴辽谈判。沈括负有使命，一越过河北白沟、海河一线的宋辽边界，就悉心观察山川事物，秘制图录。他不惧"辽酋抽刀欲相害"的威胁，据理力争，终于完成使命。他到辽陪都蓟城后，对蓟名的由来百思不得其解。当他在白云观一带巡游时，发现遍地长满一种叫蓟的草，恍然大悟，认为蓟城之名得自草名，并把这一心得写进了他著名的笔记《梦溪笔谈》中。

一座城市的诞生，除了一定的社会经济条件以外，适当的地理因素也是不可缺少的。蓟城建址在北京小平原上，这里气候条件良好，属于

暖温带湿润大陆性季风气候，四季分明。距今 7500 年至 2500 年间，降水较现在丰沛，因而植物繁茂，禽兽出没，利于农业的兴起和聚落的形成与发展。而且蓟城坐落于卢沟河洪水冲积扇脊部前缘潜水溢出带的东侧，卢沟河水自古难于直接利用，但其带来的丰沛地下水源为居民凿井汲水提供了便利，同时，地下水出露形成泉源、径流与水面，为城市兴起提供了水面点缀乃至排水条件。

北京小平原的西、北和东北三面群山围绕，状若围屏，只有正南一面，向平坦广阔的华北大平原展开。从形势上看，它很像一个半封闭的海湾，被形象地称为"北京湾"。在蓟城形成之初，距今三四千年前的古代，北京小平原的东南一带水网稠密，沼泽星罗棋布，成为通往华北大平原的天然障碍。

在北京小平原的背后，是平地崛起的崇山峻岭，但是群山之中，有一些天然峡谷，形成了南来北往的通道。其中最为重要的是西北角的南口和东北角的古北口。

三千多年前由华北平原到北京小平原，只有沿着太行山东麓一线高地这一条孔道畅通。这条线以西是高山深谷，无法通行；其东部平原上散布着湖泊沼泽，南来北往也不可能。在沿着这一线高地北进的道路上，必须越过从太行山东流至大平原的许多大小河流，其中最后也是最大的一条河流就是永定河。从永定河的古代渡口进入北京小平原后，大路开始分叉，西北一路出南口直上蒙古高原；东北一路出古北口，穿越一片平缓的山地丘陵通向松辽平原；正东一路穿越小平原的北部，沿着燕山南麓直到海滨，然后出山海关下辽河平原。

同样，从蒙古高原、东北平原南下华北大平原，无论走哪条路线，都必须先到北京小平原，再经由古代永定河的渡口，沿太行山东麓南下。这样，现在由卢沟桥代表的古代渡口，就成了南来北往的必经之地。从这个角度看，这里似乎适宜于城市的诞生和成长。但是，永定河是一条流量很不稳定的河流，像华北地区的其他河流一样，在夏季经常遇到洪水暴涨，泛滥无常，卢沟桥所代表的古代渡口不可避免地经常遭到洪水的严重威胁，因此，这交通荟萃之地未能形成城市。

由南而北的大路在穿越永定河进入北京小平原之后，继续前行，在距离渡口最近而又最不易遭受洪水袭击的一个原始的居民点上一分为二，朝着不同的方向前进。这个古代大路岔道口的聚落，便成为当时沟通南北交通的枢纽。当社会经济的发展具备了一个城市诞生的条件时，处于这个枢纽位置上的聚落，就十分自然地迅速发展起来，超过附近其他的居民点，成为西周时期一个北方诸侯国的统治中心，这个中心就是蓟城。

曾任教于美国芝加哥大学的泰勒教授认为，"北京城址的选择，不是由于任何明显的环境上的因素"，他说："要指明北京所以凌驾于黄河冲积平原的绝大部分城市之上的任何环境因素，是困难的。本来可以期待北方的主要城市，或者是在大平原的中心，或者是靠近主要的河流，或者是在沿海的一个良好港口上发展起来。但是这样的条件，北京都不具备。"北京城只是辽阔的黄河冲积平原上众多城市中的一个，它的城址并不具备任何明显的地理特征。泰勒把北京早期城址的选择归结于主观因素，"看来在北京城址的选择上，显然包含有许多'人'的因素。在古代，巫师们认为这一城址是特别吉利的"。"由于巫术上和政治上的原因，导致了这个城市的诞生。……以此为起点，似乎再没有其他城市相与颉颃。"

周武王分封蓟国的时候，还在北方分封了另一个诸侯国燕国。蓟在北，燕在南。到了东周时代，北京周围地区的政治格局发生很大的变化，位于蓟国之南的燕国势力扩张，逐渐兼并了北面的蓟国和华北北部地区，并将国都迁移到蓟城。从此有了燕都蓟城之说。后来北京被称为燕京，也是来源于此。燕都蓟城逐渐成为北方的一大政治、军事和经济中心，跻身于天下名都之列。

（樊莉娜撰文）

向全国性政治中心的过渡

北宋靖康元年（1126），宋朝的都城——东京被金军攻破。靖康二年（1127），徽宗、钦宗以及后妃、宗子和没来得及逃到南方的朝廷百官、内侍、工匠，在金兵的押解下，乘车缓缓北上，奔赴位于松花江边寒冷而又陌生的国度。文臣引以为豪的九鼎、玉玺及其他古器图籍一同被装入敌国战车。北宋王朝灭亡了。

从女真族杰出首领完颜阿骨打于1115年初正式称帝以来，仅仅12年时间，金朝就消灭了辽和北宋。北宋灭亡以后，金朝的势力范围一下子扩大到淮水沿岸，它在华北平原上的统治也就转入了相对稳定的状态。于是，金主完颜亮便把首都从远在松花江上的会宁府（今黑龙江哈尔滨市阿城区南白城）迁移到了燕京。

完颜亮是完颜阿骨打的孙子，他夺得政权后，力图改革。但是，会宁府是女真奴隶主贵族势力的大本营，奴隶制度根深蒂固，役使奴隶、买卖奴隶屡禁不止，完颜亮大开杀戒，消灭了一批旧贵族，但买卖奴隶、役使奴隶并未因此而停止，奴隶制的生活方式照旧。

完颜亮具有满腔的抱负，少年时代起就立下了"提兵百万西湖上，立马吴山第一峰"的统一志向。跟随父亲完颜宗弼（兀术）多次南下攻宋，使他领略到了江南无限美好的风光。每从南方回来一次，他就失望一次，也就越来越看不上位于苦寒之地的都城了。他当上皇帝（后世称为海陵王）后，为了顺利地推行社会改革，也为了就近攻打南宋，统一全国，决定离开女真故地，选择新首都。在汉族官吏的建议下，他最终选择了燕京。因为燕都面平陆，负重山，南通江淮，北连朔漠，可称得上是"财货骈集，天险地利"。

在这样特定的历史背景下，燕京城在全国的地位开始发生变化。

天德三年（1151）三月，完颜亮命梁汉臣、孔彦周等人在燕京城的基础上扩建新都。扩建工程中，单是役使的民夫、工匠就有80万之多，另外还有兵士40万。完颜亮急于迁都，限定主要工程必须一年之内竣工。工期急促，奴役残酷，加上疫病传染，致使民夫、工匠大批死亡。

金新都的宫殿建筑极尽奢靡，据史书记载：载运一根大木材的费用，多至20万两；拖拉一辆满载器材的大车，多至500人；所有宫殿都用黄金五彩加以修饰，单是一座宫室的完成，就要耗费亿万金银。

和着大批工匠、民夫的血和泪，新都扩建如期完工。贞元元年（1153），完颜亮正式将都城从会宁府迁到燕京，改为中都。乾道六年（1170），南宋诗人范成大访金，来到燕京，一种似曾相识的感觉油然而生。金人在上都的城池、宫殿很简陋，攻下北宋东京后，看到豪华的宫殿、宏大的城池，才知道世界上原来有如此阔气、美丽的城市，羡慕不已，急欲效仿。所以后来的中都城中，处处可以感觉到汴梁城的影子。不仅建筑规制参照了北宋汴梁城，甚至建筑材料也有许多是从汴梁城搬运而来。他们拆了开封宫殿的木料不辞劳苦运到这里，连宋徽宗建"艮岳"所用的石头，也不忍舍弃，照搬不误。

中国都城建设到北宋时已发展到一个新的阶段。在城市布局上，北宋以前都城内的皇城多偏在一角或一方，如唐长安城中的皇城偏在城北，北宋开封城中的皇城则居于全城的中央部位，以突出皇权的重要。辽南京城（燕京）的皇城原来在大城的西南角上，金统治者为仿效北宋汴梁，同时也为了扩大都城规模，设计上力求皇宫居于城市之中，因此将旧城向西、南两个方向扩展，东面的城墙略有扩展，北面的城墙基本不变。经过一番扩建，中都的皇城便居于大城的中央了。

从金中都开始，北京作为我国封建王朝统治中心的历史，真正开始了。金中都既是在北京原始聚落的旧址上发展起来的最后一座大城，又是向全国政治中心过渡的关键，同时对北京城市的发展来说还起到了承上启下的作用。

　　隋唐及其以前，长安所在的关中地区一直是全国的政治、经济和文化中心。司马迁在《史记》中说，关中地区的人口和土地面积分别占全国的三分之一，却集中了全国三分之二的财富，可谓全国的首富之区。但是从东晋以后，长江中下游一带得到开发，其面积之广大，条件之优越，物产之富饶，是关中地区无法比拟的。因此，汉代富冠天下的关中，到了隋唐时就不得不依靠江南地区的供应，甚至皇帝在农业歉收的年份，不得不迁居洛阳，就食江南运来的漕粮。隋炀帝大规模开凿大运河，最重要的目的就是运输江南粮食以供应关中。可以说，唐长安城的繁荣，是依靠了由大运河连接的江南经济区的支持。作为全国性的政治中心来说，长安城已经失去了过去所具有的绝对优势。

　　北京城能够代替长安发展为全国政治中心的另一个原因，是唐中叶以后，东北边外的游牧部族不断成长壮大，随着唐王朝的衰落，他们加强了对中原的劫掠和侵扰。来自这一方面的游牧部族，前后相继，势如潮涌。中国北方遭遇如此连续不断的进攻力量，而北京作为华北平原北方的门户，也正是游牧部族首先要占领的地方。实际上正是汉族与游牧部族之间的矛盾在东北边疆急剧发展的形势下，北京城在全国范围内的意义才日益重要起来。最终，北京代替了长安，成为中国封建社会时期后半段的全国政治中心。

（樊莉娜撰文）

卢沟桥：北京的西南门户

　　卢沟桥初名广利桥，后改称卢沟桥，又称芦沟桥，在国外也称马可·波罗桥。卢沟桥横跨卢沟河上，始建于金大定二十九年（1189）六月，明昌三年（1192）三月建成。卢沟河，又名桑干河，为古漯水的一支，源出山西省宁武县的管涔山，流经黄土高原，因流域内降水集中，水土流失严重，河水泥沙含量高，因而又称作浑河、小黄河。卢沟之名始自唐代。因河水经常泛滥，河道迁徙不定，故又称无定河。清康熙二十七年（1688）疏浚后改名永定河。

卢沟桥所代表的渡口，历史悠长久远，它的起源可以上溯到遥远的古代，甚至在北京城诞生之前。自古这里就是南北交通的必经之路，从华北大平原北上蒙古高原和东北地区，都必须经由这里；同样由蒙古高原和东北南下，这里也是必经之地。卢沟桥大道，不仅是南来北往的商旅必经之路，而且在政治、军事上还有更为重要的意义。

在卢沟石桥未建之时，大路通行的渡口上已有浮桥，但是由于卢沟河在洪水季节容易泛滥成灾，严重威胁了这条交通要道。宋金对峙时，宋曾多次派遣使节前往金，其中不少使节对出使情况和沿途的见闻做了记录。周辉在《北辕录》中写道："卢沟河亦谓黑水河，河色最浊，其急如箭。"许亢宗《奉使行程录》中有这样的记载："卢沟河，水极湍激。每候水浅，深置小桥以渡，岁以为常。"往来通行受洪水影响很大。金代的北京是国都，是北京从一个北方军事重镇向全国政治中心过渡的开始，因此发达便利的交通就成为必需。金大定二十五年（1185），卢沟河洪水泛滥，决口于上阳村，金世宗完颜雍征调中都城周围三百里以内的民夫前往堵塞决口，但是未能奏效。世宗深感忧虑。在卢沟

乾隆帝御题"卢沟晓月"汉白玉碑

河上建造一座在洪水期也能畅通无阻的大桥，已是势在必行了。三年后，世宗决定在卢沟河上建造一座石桥。但是这项决定还没来得及付诸实践，金世宗就死了。

完颜璟继位，改元明昌，是为金章宗。他先是决定造桥只以摆渡过往商旅，继而"更命建石桥"。明昌三年（1192）石桥建成，命名为广利桥。接着在大桥东西两岸营建了廊舍，以方便过往官吏和商人。以后各代均不同程度地对卢沟桥进行了修缮和加固。

意大利旅行家马可·波罗（1254—1324）曾从此桥经过进入北京，后来他在《马可·波罗行记》中描述："河上有一座美丽的大桥，各处桥梁鲜有及之者……建置甚佳。老实说，它是世界上最好的，独一无二的桥。"马可·波罗对卢沟桥的赞美，随着他的这本书而流传西欧各国，卢沟桥也因此以马可·波罗桥之名闻名于西欧各国。

卢沟桥是石砌连续圆拱桥，10个呈船形的石墩，11个石拱，全长266.5米，宽8米。卢沟桥的建筑装饰别具特色。桥栏为高1.4米的281根望柱与栏板连接而成，柱头刻莲座，座下为荷叶墩，每根望柱顶端都刻有一个大狮，雌的戏小狮，雄的弄绣球，千姿百态，栩栩如生。有的大狮子身上雕刻了许多小狮子，小狮子在大狮子的背上、头上、耳朵上、脚上，甚至肚皮下，最小的只有几厘米长，有的只露半个头、一张嘴，有的藏头，有的藏身，神出鬼没，很难数清，因此有"卢沟桥的狮子——数不清"的谚语。关于卢沟桥狮子的数量，有很多不同的统计数字。清朝康熙年间清点后有

卢沟桥上的石狮子

两个数字：368 只和 627 只。北京文物部门的工作人员数次逐一编号统计，1962 年为 485 只，1992 年为 498 只，最新的数字为 501 只。这使得一些出版物中的数字也都莫衷一是，1979 年出版的《辞海》说有 485 只，1995 年出版的《少儿辞海》称共有 502 只，1999 年出版的语文课本中《卢沟桥的狮子》一文说是 498 只，同是《卢沟桥的狮子》一课，2001 年出版的语文课本里，卢沟桥上的石狮子是 501 只。

卢沟桥所以名传中外，还因为在这里曾经发生了举世震惊的"卢沟桥事变"，也称"七七事变"。1937 年 7 月 7 日晚，盘踞于北平永定河西岸的日本侵略军在宛平城附近举行夜间军事演习，声称失踪一名士兵，强行要求过卢沟桥到宛平城搜查。驻扎在宛平城的国民党第二十九军宋哲元部守军拒绝了日军的无理要求。日本侵略军就大举武装进攻桥东，炮击宛平城，并向卢沟桥西侧发起进攻。中国军队奋起还击，英勇抵抗，在卢沟桥一带与日军展开激战，从此揭开了中国军民全面抗击日本侵略的大幕。

在事变中与卢沟桥命运紧紧相连的宛平城原称拱极城，至今拱极城城墙上还保留着当年激战时的弹洞。拱，拱卫；极，最高的地位。拱极城始建于明崇祯十一年（1638），崇祯十三年（1640）建成，是为了应付明末农民运动和清军进攻而建的屯兵之地。永定河围绕北京西部和南部流淌，卢沟桥当时是永定河上唯一的桥梁，桥城相连，俨若雄关，具有一夫当关、万夫莫开之势。拱极城的建造是出于军事目的，没有一般县城的大街小巷、市场、钟鼓楼等设施，规模较小，东西长 640 米，南北宽 320 米，总面积 0.2 平方千米，有"斗城"之称。一般城池有东、西、南、北四个城门，而拱极城只有东、西两个门，东门曰"顺治"，西门曰"威严"。有中心台，南曰"洪武"，北曰"北极"，台上有敌楼。城的四周原有角台，上有角楼。城墙顶上四周外侧有矮墙垛口，上有望孔，下有射眼，垛口上还有一层盖板。这样既可以掩体，又可以拒敌，敌强时可以拒守，敌弱时亦可出击。拱极城在明清两代都为驻兵之所。清朝在这里曾设参

将官衙,衙门的位置在城内正中路北,参将是仅次于总兵、副总兵的职务,平时统辖本部军士一千五百人左右,并能调动外地驻军。宛平小城并无市政设施,地处永定河东岸,此地是大风口,冬春季风沙多,辛亥革命后,这座兵城也不驻兵了。当地流传: "卢沟桥的城小风大,宛平城里兵少土多。" 1928年宛平县划归河北省,1929年宛平县公署迁至拱极城内,自此拱极城始称宛平城。

这座美丽的、独一无二的桥,在过去漫长的岁月里,给那些长途跋涉前往京师的旅客留下了深刻的印象,历代以卢沟桥为题材的优美诗篇比比皆是。"卢沟晓月"早在金代就已成为燕京八景之一,历明及清,相沿不断,成为北京西南郊的一处著名风景。晨曦中,雄伟的卢沟桥横跨在奔流浩荡的卢沟河上,数百石狮立于桥边,一弯明月斜挂天边,映着河面上泛起的层层波影,多么美妙!

(樊莉娜撰文)

平地而起的汗八里:元大都

1260年,忽必烈到达燕京后并没有住在城里,而是"驻跸燕京近郊"。因为在蒙古大军屡次围攻金中都过程中,战况十分激烈,金人为保卫中都城,在蒙古军攻入中都外城后,又焚烧街道两旁民舍以阻止其前进。当蒙古人入据金中都城之时,其城在战火和地震等灾害的破坏下已残破不堪。

金中都城东北郊外有一座离宫,名叫大宁宫。1215年蒙古骑兵围攻中都,大宁宫还在当时城下战场的后方。因此,尽管中都城内的宫殿惨遭破坏,城外的大宁宫却幸得保全。正是这个缘故,忽必烈初到燕京时,就选择这座离城不远的前朝离宫住了下来。

几年以后,以大宁宫所在的一片湖泊为设计中心,一座规模宏伟的

元大都土城遗址

新城开始建造起来。这就是历史上赫赫有名的大都城。从最初的燕都蓟城一直到金代的中都城，基本上都是位于今北京城的西南部，莲花池以东的地区。这一城址的选择，与莲花池这个小湖泊以及由莲花池发源的一条小河有着密切的关系，是在同一个原始聚落的基础上，依托着莲花池水系逐渐发展起来的。虽然城市的范围不断扩大，城市的面貌也随着不断变化，但它原来的城址始终没有改变。

元大都的兴建，放弃了莲花池水系上历代相沿的旧址，而在其东北郊外选择新址，重建新城。这标志着北京城址的转移，在北京城市发展过程中是一个极其重要的转折点。这样，金中都便成为在古蓟城旧址上发展起来的最后也是最大的一座城，而大都则成为老城东北面新址上的第一座城。

新城的城址是以金代离宫——大宁宫附近的一片湖泊（即今中海和北海，当时南海还不存在）为设计中心，而这一片湖泊为高粱河水所灌

注，属于高梁河水系。元代把北京城的城址从莲花池水系转移到高梁河水系上来，是出于城市建设的长远考虑。

金中都城毁坏一空，已成一片废墟，而以大宁宫为中心的金代离宫，景色优美，环境宜人，是建造新城不可多得的好地方。另一个不可忽视的更为重要的因素是对于水源的要求。城西的西湖（莲花池水系）在北京城发展初期，基本上满足了城市各方面的用水需要，但是当城市发展壮大起来，尤其是北京成为一个名副其实的全国性政治中心之后，这座帝王之都的宏大规模，以及宫廷和园林点缀用水的需要与日俱增，莲花池有限的水源已经远远供不应求了。高梁河水系本身比莲花池水系大得多，加上后来又远导昌平白浮泉水，沿途汇集西山大小泉流，与瓮山泊、高梁河相接，这样便为大都这座更大规模的城市提供了较充沛的水源。

元大都城是在空阔的平地上按计划兴建的。城址的勘定是在主要设计者刘秉忠主持下完成的。刘秉忠（1216—1274），河北邢台人，原名侃，少年时曾出家为僧，法号子聪，自号藏春散人。当忽必烈还在蒙古高原的时候，刘秉忠受高僧海云和尚引荐，成为忽必烈的幕僚。由于他有经世致用之才，学问渊博，对天文、地理、历法等无不精通，深受忽必烈的赏识。中统五年（1264）八月，诏复其姓刘氏，赐名秉忠，官至太保。他曾奉忽必烈之命选址建造开平城（在今内蒙古多伦附近）。至元四年（1267），刘秉忠受忽必烈之命筑中都城。在建城过程中，忽必烈于至元八年（1271）采纳刘秉忠建议，改国号为大元，取《易经》"大哉乾元"之意，至元九年（1272）改中都（新都城）为大都。刘秉忠不仅主持设计和建造了大都城，连大都城名、元朝国号，都出自他的建议，甚至《续资治通鉴》还认为，忽必烈决心定都北京，也是与刘秉忠的主张分不开的。

参与大都城选址和规划的还有刘秉忠的学生赵秉温。具体负责施工的除张柔、张弘略父子及行工部尚书段天佑外，还有蒙古人野速不花、女真人高觿、色目人也黑迭儿等人。

元大都城始建于至元四年，史载明确，无须考辨。但大都城的建成年代，没有明确记载，学术界一般以至元二十二年（1285）"诏旧城居民之迁京城者，以资高及居职者为先，仍定制以地八亩为一分，其或地过八亩及力不能作室者，皆不得冒据，听民作室"为大都整体竣工的标志。整个工程历时十八年，其中宫城部分花了四年时间。继唐长安以后，

元大都和义门遗址

这座平地起家新建的最大都城呈现在世人面前。

历代都城建设中，元大都的平面设计可以说是最接近于我国古代理想的设计方案，因为它是一个先有计划然后建造的城。它所特具的优点主要就在它那具有计划性的城市的整体。这一理想设计，来源于春秋战国之间编成的《周礼·考工记》，体现的是皇权至上的思想。其主要原则是，"匠人营国，方九里，旁三门，国中九经九纬"，"左祖右社，面朝后市"。意思是：一个帝王之都的设计，应该是一个正方形的大城，四面各有三个城门，门内各有笔直的大道纵横交错。在大城之内，中央部位的前方（南面）是朝廷，后方（北面）是社稷坛。元大都虽然并不是正方形，而是南北略长的长方形，北面城墙上也不是三个城门，而只有两个，但是总体来看，城内主要建筑群的布局和安排，基本是合乎"匠人营国"中前朝、后市、左祖、右社的设计要求的。

至元十二年（1275），马可·波罗很偶然地来到这里，他在这座不属于他的城市里生活了很多年，事后经过回忆，又经他人记录整理，写

下了《马可·波罗行记》。在他的笔下元大都被称作"汗八里"（蒙语，意为大汗之城）。书中记录了他在元大都所看到的一切新鲜的事物，也带给后人一个遥远而比较清晰的老北京。

马可·波罗对大都城的平面设计极为称赞，他写道："全城中划地为方形，划线整齐，建筑房舍。每方足以建筑大屋，连同庭院园囿而有余。……方地周围皆是美丽道路，行人由斯往来。全城地面规划有如棋盘，其美善之极，未可宣言。"通过他的叙述可以看出，元大都是一座当时世界上无与伦比的伟大城市。

（樊莉娜撰文）

哪吒城的传说

元大都城没有遵照古代都城建筑规划设置十二座城门，只建有十一座城门。大都城周长 60 里，为一南北向长方形：南边三门，中丽正门，东文明门，西顺承门；东边由南到北为齐化门、崇仁门、光熙门；西边由南到北为平则门、和义门、肃清门；北边东为安贞门，西为健德门。之所以这样，据说是为了体现哪吒三头六臂两足的形象，南三门象征其头，东西六门象征六臂，北两门象征两足。因而元大都城又被称为哪吒城。元末明初寓居大都的诗人张昱《辇下曲》诗曰："大都周遭十一门，草苫土筑哪吒城。谶言若以砖石裹，长似天王衣甲兵。"陈继儒《宝颜堂秘笈·广集》引《农田馀话》卷上亦载："燕城，系刘太保（刘秉忠）定制，凡十一门，作哪吒三头六臂两足。"

史载，刘秉忠"于书无所不读，尤邃于《易》及《邵氏经世书》，至于天文地理、律历、三式六壬遁甲之属，无不精通"。哪吒原是佛教中四天王之一毗沙门天王的第三太子，后衍化为唐托塔天王李靖的第三个儿子，成为民间崇拜的勇敢降妖、善于变幻之神。人们钟爱大都，自

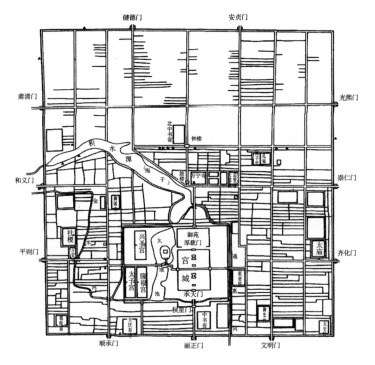

元大都平面示意图

然也就对它的设计建设者产生了敬仰之情，将其与哪吒神联系在一起，假借都城的修建，一则神化心目中的英雄刘秉忠，把艰巨工程的完成做神秘的解释，归诸他的超凡智慧和特殊才能，二则借此渲染夸大汉人辅臣在元廷中的作用，喻指忽必烈对他们的殷依。明灭元后，在元大都的基础上重建都城，更加雄伟壮丽。因为明代的北京城是参照南京城建造的，而南京城是由军师刘伯温设计的，在民间传说中，刘伯温更富有神秘传奇色彩，后来人们把刘秉忠建哪吒城的传说，逐渐转换到刘伯温身上，而且故事情节更加美丽动听。

　　不过也有学者认为，元大都打破常规，开辟十一门，是取《周易》的"天五地六"说，寓意"天地之中合"，摄于四方。元代学者黄仲文《大都赋》曰"辟门十一，四达憧憧。盖体元而立象，允合乎五六天地

之中"，说的就是这个意思。刘秉忠博学多才，天文、地理、阴阳术数无不精通，在设计大都城时融入这些神秘因素，也不是不可能的。

（樊莉娜撰文）

北京胡同

胡同是北京城一种街巷通名，泛指城市内规模较小的交通通道。过去胡同遍布京城，老北京多用"有名胡同三百六，无名胡同似牛毛"来概数北京的胡同。胡同是北京的一大特色。北京的胡同里蕴含着浓郁的平民气息，多彩的百姓风情，像陈年老酒，越品越有味儿。

胡同一词最早见诸元代。关汉卿杂剧《关大王独赴单刀会》第三折就有："直杀一个血胡同。"元杂剧《沙门岛张生煮海》中，张羽问梅香："你家住哪里？"梅香说："我家住砖塔儿胡同。"砖塔胡同在西四南大街，地名至今未变。

北京胡同

关于胡同一词的起源主要有三种说法：元代熊梦祥的《析津志》和明代杨慎的《丹铅总录》认为胡同来源于方言，清代朱一新《京师坊巷志稿》说是合音字，第三种是蒙语说。明沈榜在《宛署杂记》卷五中指出："本元人语，字中从胡，从同，盖取胡人大同之意。"

明清之际持前两种观点者居多，持蒙语说者除沈榜外再未有第二人。但是近年来有关学者大多认为胡同一词起源于蒙古语，有的学者还从语言学的角度提出，胡同一词在蒙古语中是水井或聚落之意，是蒙古语之借词。目前持此说者很盛。不过最早解释胡同的是熊梦祥的《析津志》。熊梦祥生活在元代末期，他所著的《析津志》是元代人写元代事，因而也最可信。在蒙古族统治时期，熊梦祥对蒙古语当不陌生，如果胡同一词源于蒙古语的话，对于"博读群书，旁通音律"的熊梦祥来说是不会失察的，但熊梦祥在《析津志》中只字未提蒙古语。

北京街巷胡同名称的内容非常丰富，现有的名称基本都产生于明清时期。从得名形式来看，大体可分为三类。第一类是借代名称，主要借官府衙门、人物住宅、宫坛寺庙、文物古迹、仓场卫所和其他建筑物等各种显著标志为名。第二类是象形名称，主要根据河流水系、地形地貌以及胡同的平面布局等各种形状特征来命名。第三类是表意名称，即主要为表达人们的某种意愿或期望，使地名具有特定的含义。

北京的胡同名称包罗万象，有河湖海（大江胡同、河泊厂胡同、团结湖胡同、海滨胡同）、山川日月（图样山胡同、川店胡同、日升胡同、月光胡同）、人物姓氏（张自忠路、贾家胡同）、市场商品（菜市口胡同、银碗胡同）、民间作坊（油房胡同、油漆作胡同）、花草鱼虫（花枝胡同、草园胡同、金鱼胡同、养蜂夹道）、云雨星空（云居胡同、雨儿胡同、大星胡同、空厂）、鸡鸭鱼肉（鸡爪胡同、鸭子店、鲜鱼口、肉市街）等。虽然名目繁多，但也有规律可循。

1. 以官府机构得名的：兵部洼胡同、府学胡同、火药局胡同、学院胡同等。

2. 以兵营卫所得名的：武功卫胡同、济州卫胡同（今机织卫胡同）、西校场胡同、四川营胡同等。

3. 以民间作坊得名的：糖房胡同、烧酒胡同、熟皮胡同（今西四北四条）、魏染胡同等。

4. 以树木植物得名的：柳树胡同、枣林胡同、椿树胡同、茶叶胡同等。

5. 以动物命名的：干鱼胡同、金鱼胡同、喜鹊胡同（今喜悦胡同）、驴狗胡同等。

6. 以建筑物命名的：麒麟碑胡同、铁狮子胡同、小牌坊胡同、铁影壁胡同等。

7. 以寺庙得名的：圆恩寺胡同、正觉寺胡同、东观音寺胡同（今东冠英胡同）、方居寺胡同等。

8. 以各种用品命名的：绳子胡同、水车胡同、煤渣胡同、帽儿胡同、炒豆儿胡同、羊肉胡同、蜡烛芯儿胡同等。

9. 以水井、桥梁命名的：四眼井胡同、银锭桥胡同、三座桥胡同等。

10. 以地名命名的：镇江胡同、陕西胡同、苏州胡同、扬州胡同（今洋溢胡同）等。

11. 以形象标志命名的：九道弯胡同、笔杆胡同、门框胡同、罗圈胡同（今四环胡同）等。

12. 以市场贸易命名的：鲜鱼口胡同、骡马市胡同、缸瓦市胡同、羊市胡同、猪市胡同、米市胡同、煤市胡同等。

13. 以人名命名的：李阁老胡同（今力学胡同）、汪太医胡同（今刚毅胡同）、安成家胡同（今安成胡同）、丁家胡同等。

胡同名称多种多样，什锦花园、百花深处、杏花天这样的名称高雅别致，富有浪漫色彩，令人神往；豆嘴胡同、豆身胡同、豆瓣胡同、茄子胡同、狗尾巴胡同、牛血胡同、鸡罩胡同等十分朴素接地气；变驴胡同、吊打胡同、穿心胡同等则令人百思不得其解。

每个胡同名字都有一定的渊源。明成祖朱棣定都北京以后，他的功臣大都居住在北京，不少胡同以此得名。永康侯徐忠住宅所在的胡同就叫永康侯胡同，即今天北城的永康胡同。武安侯郑亨住宅所在的胡同叫武安侯胡同，后来错叫武王侯胡同，即今天的西四北八条。明初大将军徐达长期居住在北京，他的长女嫁给了当时的燕王朱棣。朱棣攻打南京时，徐达第四子增寿为朱棣通风报信，被建文帝杀掉。朱棣进南京后抚尸痛哭，后追封徐增寿为武阳侯，不久又封定国公，定国公徐氏居住的街巷就叫定府大街，也就是今天北城的定阜街。今天的三不老胡同是三保太监郑和故居所在地。郑和人称三保老爹，他居住的胡同叫三保老爹胡同，后来讹称

北京护国寺旁的胡同

为三不老胡同。东城的无量大人胡同，即今天的红星胡同，是吴良大人胡同的误称。吴良是明太祖手下大将。

　　明朝中叶以后商业发达起来，当时有些个体劳动者也以出色的劳动为他们居住的胡同留下了名字。明朝南城有个姓唐的以洗布帛为生，他们居住的胡同就叫唐洗白街，即今天东城区的唐洗泊街。西城区有条粉房琉璃街，那是粉房刘家街的误称。东城有个姓姚的锅铸得好，他家所在的胡同就叫姚铸锅胡同，后来被讹称为尧治国胡同，就是今天北京站西街附近的治国胡同。北城有个豆腐陈胡同，后来讹称豆腐池胡同。明朝时制作祭祀用纸马的铺子很多，胡同名字中就有汪纸马胡同、何纸马胡同，今天都已讹称为汪芝麻胡同、黑芝麻胡同了。

　　北京内城与外城的职能不同，胡同的命名也有差异。内城是皇室所居，为国家政权核心的所在地，所以由官府机构、王府、官宦宅第以及军事卫所得名的胡同相对比较多。而外城主要是拱卫内城，所居者多为商人、百姓，因而由平民百姓得名的胡同占相当的比例。明清时期皇城周围的商业活动受到了很大限制，内城的商业市场无论是数量还是规模都不如外城，从以市场得名的胡同看，外城也多于内城。

（樊莉娜撰文）

紫禁城：无处不在的数字准则

中国古代将天空中央分为太微、紫微、天市三垣。三垣中，太微为上垣，紫微为中垣，天市为下垣。紫微垣为中天的中心，是天帝居住的地方，名为紫宫，共有以北极星为中枢的十五颗星。中国传统文化崇尚"天人感应"和"天人合一"，与天文相对应，皇帝是天帝之子，天子居住的皇宫便是紫微宫了。称皇宫为"紫宫"在秦汉时期就已开始。同时又因为皇宫四周都有高高的城墙，鳞次栉比的宫殿，戒备森严，严禁侵扰，为常人不得出入的禁地，故有时又称皇宫为"禁城""禁中"。唐代开始将紫微垣的"紫"字与禁城、禁中的"禁"字连用，称为"紫禁"。初唐著名诗人骆宾王有诗云："紫禁终难叫，朱门不易排。"晚唐大诗人白居易诗中有："朝从紫禁归，暮出青门去。""紫禁"成了当时人们对皇宫的称谓。历代皇帝居住的紫宫禁地也因此称为紫禁城。

也有人认为直接称宫城为紫禁城大约是从明代中晚期才开始，明初还只称皇城。有明一代，记载宫殿建筑的官修书特别少，现存官书中最早使用"紫禁城"名称的是万历《会典》，其中写道："皇城起大明门，长安左、右门，历东安、西安、北安三门，周围三千二百二十五丈九尺四寸。内紫禁城起午门，历东华、西华、玄武三门，南北各二百三十六丈二尺，东西各三百二丈九尺五寸。"万历《会典》是目前所见最早记载紫禁城面积的官修书，

紫禁城午门

紫禁城俯瞰图

也是唯一正式使用"紫禁城"名称的官修书。

如今，人们所说的紫禁城是指明清皇宫，也称故宫。历史上，每当一个朝代灭亡，另一个朝代建立之后，人们就把前朝的皇宫称为故宫。朱元璋的第四个儿子朱棣在夺取了侄子朱允炆的皇位后，准备迁都北平。1403 年，朱棣改北平为北京，从此，北京这个响亮的名字，就以其镇人心魄的伟力而载入史册。从永乐四年（1406）改建营造北京城池、宫殿、宫城开始，到永乐十八年（1420）基本竣工，历时十五年，一座超过前代的都城巍然屹立在东方。

如同古埃及神秘的金字塔，紫禁城建筑中也暗藏着许多数字，学者们力图从数字中解读紫禁城营建者设置的密码，探讨隐藏在这些数字背后的神秘法则。

后寝二宫乾清宫和坤宁宫组成的院落，南北长 218 米，东西宽 118 米，两者之比近似于 11 ∶ 6；前朝三大殿太和殿、中和殿、保和殿组成的院落，南北长度为 437 米，东西宽度为 234 米，二者之比也近似于

11：6。同时前朝院落的长、宽几乎是后寝院落的两倍，前朝的院落面积就是后寝的四倍。后宫部分的东西六宫和东西五所，长宽尺度与后寝院落基本吻合。中国古代皇帝有"化家为国"的观念，所以建造皇宫时以皇帝的家，也就是后寝为模数，按比例规划前朝与其他建筑群落。

明代奉天殿，面阔九间，进深五间，二者之比为 9：5；太和殿、中和殿、保和殿共处的土字形大台基，其南北长度为 232 米，东西宽度为 130 米，二者之比接近 9：5；天安门东西面阔九楹，南北进深五间，二者之比仍为 9：5。古代数字有阴阳之分，奇数为阳，偶数为阴。紫禁城中前朝部分宫殿数量皆为阳数，而后寝部分宫殿数量则皆为阴数。阳数中九为最高，五居正中，因而古代常以九和五象征帝王的权威，称之为"九五之尊"。在中轴线上的皇帝用房，都是阔九间，深五间，含九五之数。另外，九龙壁、九龙椅、八十一颗门钉（纵九，横九）、大屋顶五条脊、檐角兽饰九个，亦是如此。九龙壁面由 270 块组成（含九），故宫角楼结构九梁十八柱，故宫内房间总数为 9999.5 间，皆隐喻"九五"之意。

清代的太和殿（即明奉天殿），面宽并不是九间，而是十一间，无法印证以上说法。实际上，这是因为奉天殿在李自成进京后被毁，清康熙八年（1669）重建时，老技师梁九亲手制作了模型，却因找不到上好的金丝楠木，只好把面阔改为十一间，以缩短桁条的跨度。也有人认为，宫殿建筑包括殿宇开间体现等级区别，明代以九间为最尊贵，清代以十一间为最尊贵。

太和门庭院的深度为 130 米，宽度为 200 米，其长宽比为 0.65，与黄金分割率 0.618 十分接近。紫禁城最重要的宫殿——太和殿位于中轴线上，在中轴线上，从大明门到景山的距离是 2.5 公里，而从大明门到太和殿的庭院中心是 1.545 公里，两者的比值为 0.618，正好与黄金分割率等同。

紫禁城宫殿门的门钉通常都是每扇九路，每路九颗。数字在这里成为衡量等级地位的标尺。作为最高的阳数，"九"在紫禁城的建筑中频繁出现。"九"的谐音为"久"，意为"永久"，所以又寓意江山天长地久，永不变色。

此外，还有一些无法解释的"意外"。太和殿脊兽的排列顺序是龙、凤、狮子、海马、天马、押鱼、狻猊、獬豸、斗牛、行什（猴），多了一个行什。古代建筑上的脊兽，行什仅出现过一次，就是在太和殿上。宫殿檐脊上的走兽数量通常是阳数，最多为九，而太和殿檐脊上的走兽却有十个。午门的左右掖门以及东华门的中门和左右侧门，也不像其他宫门每扇九路门钉，而只有八路。这似乎不是粗心造成的，而是宫殿营造者设下的谜题，等待后人去解答。

（樊莉娜撰文）

巍巍国门：天安门

明朝崇祯十七年（1644）三月十九日，李自成率领农民起义军由广安门进入北京，打到一处城门前，城楼上有"承天之门"的匾额。他搭弓射箭，一箭射中承天门匾额上的"天"字，嘲弄"受命于天"的皇帝。当时万众欢腾，簇拥李自成入宫。李自成所射的这座城门就是天安门的前身承天门。

承天门位于北京中轴线上，建于明永乐十五年（1417），采用了唐代皇城正门——承天门的名称，寓意大明皇帝"承天启运""受命于天"。刚建成时，承天门仅是一座黄瓦飞檐、三层楼式、四面透风的五间木牌坊。明英宗天顺元年（1457）七月，承天门被一场大火烧毁。宪宗成化元年（1465）三月，工部尚书白圭主持修复承天门，承天门由原来的五间扩大为九间，牌坊式也改建成宫殿式，基本具有了现在天安门的规模。

天安门旧影

    1644 年，清入主中原，承天门又毁于兵火。顺治帝进北京时，承天门只剩下光秃秃的五个门洞，上半部已荡然无存。顺治八年（1651）重建为东西九间、南北五间的重檐歇山顶城楼，九月十八日竣工，定名为天安门，取"受命于天，安邦治国"之意。

    天安门的建筑面积二千二百多平方米，有成行排列的六十根柱子，而且雕梁画栋，金碧辉煌。天安门城楼共有五个门洞，就是所谓的"五阙"。这五个门洞均为券形，门洞大小不一，中间最宽，是皇帝通行专用门洞。门前开通的金水河，一枕碧流，飞架起七座精美的汉白玉桥，桥面略拱，桥身如虹，构成绮丽的曲线美。桥南东西两侧，各有白玉石华表矗立，云绕龙盘，极富气势。门前是封闭状态的宫廷广场，文武百官到此下马，庶民百姓不得入内，探头一看，即犯"私窥宫门"的重罪，格杀无赦。

    天安门地位非凡，有"国门"之称。明清五百多年间，天安门是皇城的正门。这里最重要的活动是"金凤颁诏"。颁诏分为登极诏和颁恩诏。前者为皇帝死后，新皇继位头一天把继位的原因和日期宣告全国；后者是指有喜庆之事向全国宣告。宣告的文件称为诏书。诏书是用两尺宽两丈长的硬黄纸，边上饰有金龙，纸上写明诏令之缘由和条款。这套仪式大致如下：先把诏书放在一个特制的云盘内，由礼部尚书从皇宫的太和殿捧出太和门，然后用龙亭抬上天安门。这时城楼上奏起音乐，城楼下文武官员和地方耆老的代表齐集于金水桥南的广场上，转向承天门跪拜。宣诏官在承天门城楼正中宣诏台上宣诏，随后用一只木雕的金凤凰口衔诏书，从城楼正中用黄丝绦顺墙徐徐系下，再由礼部官员手托朵云盘接诏书，置入龙亭，抬送到广场东侧的礼部衙署，再用黄纸誊写若干份传送全国各地。清代，诏书前半部为汉文，后半部为满文。天安门最后一次金凤颁诏是 1912 年 2 月 12 日的宣统皇帝退位诏。

新皇登基、大婚等重大庆典活动都要启用天安门。皇帝平时一般不走天安门，只有每年去祭天、祭地、祭五谷时，才由此门出入。皇后经天安门中间门洞抬入宫中。皇帝御驾亲征或大将出征，都得在天安门前祭路、祭旗，以求凯旋，同时显示威风。天安门还是"金殿传胪"的场所。

今日之天安门

每逢殿试后的两天，皇帝召见、传呼新中进士们的姓名，称为"传胪"。考中前三名的状元、榜眼、探花插上金花，身披红绸，骑马游街，以谢皇恩。天安门唯独皇帝可以出入，而且只能出入喜事，绝对禁止出入丧事。

明代的天安门据说是蒯祥设计的。蒯祥于明洪武年间出生在江苏吴县一个木匠家庭。他父亲是当时有名的大工匠，受父亲影响，他的木工艺术造诣很高。永乐十五年（1417），蒯祥以其精湛的技艺被选赴北京兴建宫殿。由于蒯祥"能以两手握笔画双龙，合之如一"，深为主持工程的建筑师蔡信、杨青所器重。永乐十八年（1420）宫殿建成，论功蒯祥被提升为工部营缮所丞。到正统年间，蔡信、杨青等相继逝世，北京的许多营建工程渐渐由蒯祥主持，在重建三殿、兴修南池子一带、改建诸司衙署于承天门前两侧、新作西苑殿亭轩馆、兴建裕陵等工程中蒯祥均做出了重要贡献，其中尤以景泰年间营建大隆福寺为最著名。当时"壮丽甲于在京诸寺"的隆福寺正殿三尊木雕佛像，镂刻之精，时所罕见。蒯祥在建筑方面超群的技艺，赢得了众人的广泛赞许，被称为"蒯鲁班"。当时有一张北京宫殿的详图现存南京博物馆，图中还把蒯祥画在上面，以表彰他的业绩。后来，蒯祥定居北京，担任建筑宫室的官吏，直至工部侍郎。由于他的业绩不凡，主建工程颇多，一般认为是他设计了承天门。也有人认为，永乐十五年紫禁城宫殿已经进入大规模施工的高潮时期，蒯祥才随朱棣从南京来到北京，在此之前，蔡信已经完成了故宫和北京城的规划、设计和建造，蒯祥只是紫禁城宫殿的施工主持人，设计人应该是蔡信。

1952年修缮天安门时在城楼西边木梁上发现了三发没有爆炸的炮弹，弹壳上隐约可见几个英文字母。1900年，八国联军野蛮地烧毁了正阳门箭楼后，又开始集中射击天安门，太庙正殿房脊上的吻兽被毁，天安门前西边的华表被击……那三发留在城楼上的炮弹就是帝国主义侵略者侵略中国，毁坏北京古迹铁的罪证。

（樊莉娜撰文）

历史上曾有的江南水乡景色：海淀

"淀"是华北平原上湖泊的通用名称，一直到明清时期，北京、天津地区尚有"九十九淀"之说，表示数量之多。但保留到现在的很少，著名的白洋淀就是其中之一。海淀原来也是湖泊的名称。海店是海淀镇的原始聚落，它来源于湖泊海淀，其名称却先于海淀在史籍中出现。

1260年，忽必烈继任蒙古大汗，即位于滦河上游的开平，建元中统。这年十二月，忽必烈进驻燕京。中统二年（1261）二月，中书省祥定官王恽等北上赴开平，其所著《中堂事记》中有：中统二年赴开平，三月五日发燕京，"宿通玄北郭"。"六日丁卯，午憩海店，距京城廿里。"

"海店"位于今万泉庄以北，相当于今天南海淀街所在之处。金中都是在北京原始城址蓟城上发展起来的最后一座大城。它发展起来的重要原因之一是有一条自古以来逐渐形成的大道，向北直出古代的居庸关，越八达岭，直上蒙古高原。这条捷径出中都正北门后的第一站，就是海店。海店处于海淀台地西北一侧的边缘部分。台地原本是以旱作为主的农耕地带，是华北平原向北方的延伸。再向西，地形陡然下降至海拔46～47米，自南而北逐渐开阔，而且向北逐渐倾斜，泉流水田散布其间，俨然一片江南景色，可称之为"巴沟低地"。这一带低地原是7000年至5000年前永定河北去的故道。由此再向西去，地形又逐渐升高，一直延伸到西北一带的丘陵和山麓地带。海店正好位于东有高地，西有低地，两者紧相连的微地貌变化地带，其间高低之差不过数米。低地上泉水丰沛，适宜耕作，高地上便于居住，就近形成聚落。命名为海店的原始聚落，就是因为紧傍原始海淀湖泊而逐渐发展起来的。随着水田的开发，展现出无限美妙的江南风光，举目远望，又有西山峰峦叠嶂，构成了独具特色的自然风光。

北京海淀公园

海店虽地处台地之上，却旁邻富有江南水上风光的低地，享有水产饮食供应上的便利，而且它距城20里，正是商旅歇息的理想地点，因此就把"海淀"改写作"海店"了。

元朝在金中都东北郊外兴建大都后，原来从中都北上蒙古高原的大道也就相继东移，形成经今清河镇、沙河镇和昌平城，转向西北出居庸关的道路。因此从元朝以后，最早见于记载的"海店"就失去了它在南北交通上的重要地位，沉寂下来。以水源见称的"海淀"一名反而得以流传，一直延续到今天。

元大都较之金中都更接近于海淀，于是海淀的水乡景色逐渐享誉都下，元代文人美其名曰"丹棱沜"。实际上来自民间的"海淀"一词，作为水泊的俗称，仍然广为流传，且有南海淀与北海淀之别。明代蒋一葵《长安客话》中写道："水所聚曰淀。高粱桥西北十里，平地有泉（万泉庄一带之泉），滮洒四出，淙泪草木之间，潴为小溪，凡数十处。北为北海淀，南为南海淀。远树参差，高下攒簇，间以水田。"其中"北海淀""南海淀"都是指湖泊，而非聚落。

美丽的水上风光，使这一地区成为北京近郊营建园林的好地方。明朝中叶以后，以园林艺术闻名一时的清华园与勺园，在这里相继兴建起来。清华园是皇亲李伟的别墅，兴建于万历初年，其后约三十年，著名书法家米万钟又自行规划建设勺园于清华园的东侧，隔路相望。孙承泽在《春明梦余录》中描述道："海淀米太仆勺园，园仅百亩，一望尽水，长堤大桥，幽亭曲树，路穷则舟，舟穷则廊，高柳掩之，一望弥际。傍为李戚畹园，巨丽之甚，然游者必称米园焉。"实际上，清华园在勺园来水的上游，其水源不仅来自海淀，还来自西北方瓮山泊一条名叫屺嵝河的小河。

明末清初，清华园与勺
园逐渐荒落，但是遗址尚存。
清康熙中期，首先在清华园
遗址上兴建畅春园。此后，
一直到乾隆、嘉庆之间，历
时百余年，终于在北京城的
西北近郊，建成了东西长达
二十余里的皇家园林区。其

北京什刹海

间离宫别馆接踵而起，殿阁楼台，遥遥相望。乾隆皇帝有诗云："万
泉十里水云乡，兰若闲寻趁晓凉。两岸绿杨蝉嘈嘈，轻舟满领稻风香。"
描写的是巴沟附近的水乡景色。

清代这一地区被称为"三山五园"。自东而西依次是畅春园、圆
明园（包括继续兴建的长春园和绮春园在内。绮春园后又改称万春园）、
万寿山所在的清漪园（清光绪十四年改称颐和园）、玉泉山所在的静
明园和香山所在的静宜园。

园林的兴建离不开河湖水系的点缀。清代在明代兴修园林的基础
上，充分利用巴沟低地上丰沛的泉流，并加以进一步的开发，因而相
继出现了万泉河和万泉庄的名称。乾隆年间还就地兴建了泉宗庙。当
时由乾隆帝亲自命名的泉源多达28处，并且分别为之刻石立碑以为标
志。这就为畅春园以及圆明三园增加了更加丰沛的水源。

乾隆十五年（1750），扩大瓮山泊为昆明湖，从而引来玉泉山下
更为丰沛的水源，同时，将瓮山改为万寿山。昆明湖不仅为圆明园提
供了丰沛的水源，而且还通过长河增加了下注北京城的流量，大有利
于海淀地区的生态环境。

乾隆三十八年（1773），增建石渠，引西山卧佛寺樱桃沟和碧云
寺以及香山诸泉，注入山下四王府村广润庙的石砌水池内。然后由广

润庙东至玉泉山，长约两公里，随地形下降，架石渠于逐渐升高的长墙之上，用以引水入园，以补充玉泉山下号称"天下第一泉"的流量。

这些引水工程，为海淀地区皇家诸园保证了丰沛的水源，也为这一地区迅速发展起来的稻田荷塘，提供了极为有利的条件。以畅春园为起点，在其东南台地上，海淀镇的原始聚落也迅速发展起来，终于成为从属于皇家园林的服务中心。

实际上，作为湖泊的海淀和作为聚落的海淀曾经长期并存，直到清朝鼎盛之时，由于附近一带皇家园林相继兴起，于是作为原始聚落的南北两个海淀，也就迅速发展起来，终于形成一个海淀镇。

1860年，名扬中外的圆明园受到英法侵略者疯狂的抢劫和纵火焚烧，之后，其他诸园也受到不同程度的破坏。1860—1900年之间，被毁诸园曾有一些修葺。其中最重要的是在光绪十四年（1888）到十八年（1892）间，慈禧作为皇太后掌握大权，曾利用海军军饷，将清漪园加以维修，改称颐和园，同时还利用昆明湖下游广源闸附近的万寿寺兴建行宫，既便于沿河行船至昆明湖，又维修了乾隆时代从万寿寺北上畅春园的道路。1900年，八国联军入侵北京，"三山五园"再遭破坏。

现在回顾海淀镇整个地区，在"三山五园"连续遭到帝国主义侵略者破坏之后，在整个生态环境上所带来的一个严重问题就是水源的破坏。从康熙到乾隆年间不断开发的巴沟低地上的万泉河水系，也遭受到严重破坏。巴沟村附近地区的水乡景色，而今已无任何遗迹可寻。乾隆三十一年（1766）在巴沟低地上分别命名的28个泉源，也已逐步湮没。当时兴建的泉宗庙，最后也被全部拆除，只剩下一条仍以万泉命名的小河。

（樊荔娜撰文）

注定成为共和国的心脏

1949 年 10 月 1 日，在天安门广场，升国旗放礼炮之后，毛泽东主席宣读《中华人民共和国中央人民政府公告》，改北平为北京，作为新生的中华人民共和国的首都。

金、元、明、清都曾都于北京。他们都有自己的北京优势论。金人认为燕京北依山险，南压中原，看中了这里优越的地理环境。元大都位于东西地势的交汇点上，君临南方，进可以扼控全国（事实也是如此，从北京南进的军事、政治行动基本上都是成功的，如蒙古铁骑的南下，燕王朱棣的南下，清兵的南下，袁世凯的南下等），退可以依托故地漠北，遇险即可卷起铺盖，骑上马，一溜烟遁入故地，占尽地利、人和的优势。明代建都北京充满了神秘色彩，徐达射箭定都的传说，仿佛说明北京成为首都是很偶然的。其实，明代迁都北京，有极为充分的历史、文化、政治、军事、经济和个人情感（明成祖朱棣初为燕王，封地在北平，1403 年改北平为北京）的原因，它是中华文明从西向东迁移变动的结果。明朝最初定都南京，赖以推动全国的统一，是符合明代人定都原则的，但蒙古势力返回并峙持于漠北，随时可以卷土重来，如不全力守卫边疆，可能成为北宋第二，因此，定都北京有天子戍边的意味。北京地处交通要冲，周边有太行山、军都山、燕山，地势高峻，明人认为"以燕京而视中原，居高负险，有建瓴之势"，"形胜甲天下，层山带河，有金汤之固，诚万古帝王之都"。清朝建都北京，是出于弹压中原、雄霸九州的胸怀和眼光，也是出于退可出关的战略考虑。

历史的车轮驶入 1948 年，解放战争接近尾声。5 月，中共中央和人民解放军总部由陕北迁到河北平山县西柏坡村，结束了转战陕北的历程。随着解放战争的节节胜利，建立中华人民共和国的问题提上了日程。

北京新华门

建国首先考虑的是定都问题。首都作为国家的政治中心，国家首脑机关所在地，"关乎大局"，必须慎重选择。历代王朝都把国都选址作为头等大事，国都的选址也确实影响到了一些朝代的盛衰。中华人民共和国把首都选择在北平有各种各样的理由和依据。

历史上，国都的选址不外乎西安、开封、南京、北平。但北平有优势。毛泽东与时任东北局城市工作部部长的王稼祥探讨过这个问题。

1949 年元旦刚过，王稼祥与夫人朱仲丽到西柏坡看望毛泽东。谈话中毛泽东问及新中国定都问题，王稼祥认为，"国民政府的首都（南京），虽然自古称虎踞龙盘，地理险要，但是只要翻开历史就会知道，凡建都金陵的王朝，包括国民党都是短命的。这样讲，带有历史宿命论的色彩，我们是共产党人，当然不相信这一套。但是，从当前的国际形势看，南京离东南沿海太近，这是它的很大缺陷，我们定都当然不能选在南京"。西安，"缺陷是太偏西，现在已不是秦汉隋唐时代了，今天中国经济的重心是在沿海和江南。由此看，西安也不合适"，而"黄河沿岸的开封和洛阳等古都，因经济落后，而且这种局面不是短期内能够改变的，加之交通及黄河的水患问题，也失去了作为京都的地位”。并说：“我认为作为首都的最佳地点是北平。北平位于沿海地区，扼守联结东北和关内的咽喉地带，战略地位十分重要，可谓今日中国重心之所在。同时，它靠近苏、蒙……无战争之忧，虽然离海近，但渤海是中国内海，有辽宁、山东两个半岛拱卫，战略上十分安全。一旦国际上有事，不至京师震动。此外，北平是明清两代500年的帝都，从人民群众的心理上，也乐意接受。考虑到这些有利条件，我的意见，我们政府的首都应该选在北平。”

毛泽东听后十分开心，笑着说：“稼祥，你的分析正合我意。看来我们的首都，就定在北平了。蒋介石政权的基础是官僚资本，因此他定都南京。我们的政权基础是人民群众，因此我们定都北平。”这种针锋相对既反映出毛泽东的伟人个性，更反映出两种不同政权的根本对立。

以北平为首都也是依据国际安全和国际政治格局做出的必要选择。当时的情况是，定都北平距离苏联和蒙古近，国界虽长，但无战争之忧。还可以更方便、直接地得到社会主义阵营的援助。中华人民共和国成立前后，“一边倒”的外交格局和接受苏联援助，是中国共产党的一个基本方针。这影响到了国都的选择，而且在定都上，中共也与苏联领导人交换过意见。西柏坡“九月会议”后，毛泽东主席关于九月会议向斯大林的通报中提到，有许多问题要向斯大林和联共中央通报，准备11月底赴莫斯科。12月又电告斯大林七届二中全会前去莫斯科。后因交通不便以及指挥淮海、平津战役而未能成行。不过，1949年1月31日，斯大林委派苏共中央政治局委员米高扬飞抵西柏坡，毛主席和刘少奇、周恩来、朱德、任弼时，就战略方针、军事部署、和平谈判及其发展前途、政治协商会议、联合政府及其纲领、建都问题、经济政策及建设计划、外交根本政策及目前策略，以及中苏关系、两党关系等问题，同米高扬交换了意见。在建都北平问题上，苏联是赞成中共意见的。

　　而 1949 年 1 月北平的和平解放，则为新中国定都北平创造了良好的前提。在中共强大的军事、政治攻势下，1949 年 1 月 21 日，《关于和平解放北平问题的协议》正式签署。1 月 22 日起至 31 日，北平国民党守军傅作义部的 2 个兵团部、8 个军部、25 个师共 25 万人全部开出北平城，接受改编，北平宣告和平解放。古老的北平得以完整保存，北平所有名胜古迹，都受到了保护，没有遭到任何损失，城市里的生产和生活一切正常。毛泽东见到傅作义时曾说：你是北京的功臣，应当奖你一枚天坛那样大的奖章。北平的完好保存，是定都于此的基础。

　　定都北平的决定是在 1949 年 3 月 5 日召开的中共七届二中全会上正式提出的。毛泽东在会上说："我们希望 4 月或 5 月占领南京，然后在北平召开政治协商会议，成立联合政府，并定都北平。"

　　虽然定都北平是毛泽东的愿望，但还要经过正规的程序在政协会议上表决。任务由新政协筹备会议第六小组承担。

　　很多民主人士也倾向于定都北平，在北平成立中央政府。毛泽东刚进北平的时候，当时担任北平市市长的叶剑英到毛泽东的住处汇报北平和平解放的情况。这位新中国第一位北平市长，也谈到了定都问题。他告诉毛泽东，北平和平解放后，不少民主人士来信来电表示坚决拥护共产党，要和共产党更好地合作，并希望共产党在北平成立全国性政府。

　　新政协筹备会议第六小组就定都问题广泛征求专家意见，很快达成了共识：北平城市雄伟壮丽，解放时，北平城基本保留了七百多年前元大都的格局。建于明代的宫殿等主要建筑，已有五百多年的历史。而且北平也是文化中心，在元、明、清三代，其当之无愧是东亚文化中心。北平解放初还拥有北京大学、清华大学、燕京大学等一批著名的高等学府。基于此，新政协筹备会议第六小组和专家顾问一致同意改北平为北京，作为新中国的首都。

　　1949 年 9 月 27 日，新政协第一届全体会议第六次大会在中南海怀仁堂举行。出席会议的代表 632 人。会议执行主席是张澜、李立三、贺龙、沈雁冰、薄一波、周恩来、宋庆龄、张云逸、陈叔通、赛福鼎。会议审议讨论了第六小组关于国都的意见后，一致举手通过中华人民共和国定都北平，并自当天起正式改北平为北京。

北京具有得天独厚的历史、人文和地理优势，又因平津战役中北平的和平解放而历史再一次垂青于她，使她成为共和国的心脏！

（樊莉娜撰文）

四 天下之中，千年王气

——九朝故都洛阳

周公与洛阳

　　周公（约前1179—前1110），姓姬名旦，是西周文王姬昌的第四子，周武王姬发的弟弟，因其采邑在周（今陕西岐山东北）而又为公爵，故称周公，是我国西周时期著名的政治家、军事家、思想家。周公一生经历了文王、武王、成王三代，政绩赫赫，并与洛阳有很深的渊源，可以说他的抱负与事业的辉煌是在洛阳实现的。

　　周公在洛阳摄政当国期间，勤勉有加，不敢懈怠。《尚书大传》中说，"周公摄政，一年救乱，二年克殷，三年践奄，四年建侯卫，五年营成周，六年制礼作乐，七年致政成王"，是对周公摄政期间政绩的概括。这些政治、军事的重大举措都是在洛阳实施的。

周公

　　周公的父亲文王为周代的发展和强盛打下了坚实的基础，但他没来得及灭掉商朝就死了。武王时，周的势力已很强大，周公辅佐武王积极为灭商做准备。待时机成熟，周向商王朝发动了最后攻击。周公追随武王，率领大军，从孟津渡河，牧野一战，推翻了殷商统治，建立起西周王朝。周公是西周王朝的开国元勋。

　　商虽灭，但其遗臣和遗民仍在，武王就如何处置他们向臣下征求意见。姜尚主张斩草除根，以绝后患；召公姬奭认为应当区别对待，有罪者杀，无罪者赦；周公提出以殷人治殷人，就地安置，分化瓦解，恩威并举。武王采纳了周公的建议，封纣子武庚为殷侯，留居朝歌，让他统治商的遗民；又分商代王畿为邶、鄘、卫，封给自己的三个弟弟管叔、蔡叔、霍叔，让他们监视武庚，称为"三监"。

武王克商后的第二年便在镐京病故，其子姬诵继位，是为成王。成王年幼，无力当国，周公乃以摄政王身份代行国政。管叔和蔡叔对周公摄政很不满意，他们散布谣言：周公要谋害成王，篡夺王位。武庚虽被封为殷侯，但是受到周朝的监视，到底没有自己当王自在。于是乘周王室内部发生矛盾之际，武庚煽动管叔、蔡叔，联络了一批殷商的旧贵族，串通东方的蒲姑、徐、奄、淮夷等与商关系密切的方国，发动叛乱。

管叔他们制造的谣言，闹得镐京也沸沸扬扬，连召公也怀疑起来。叛乱对刚刚建立的周朝来说，是个异常沉重的打击。在这种情况下，周公恳切地向召公等大臣做解释，消除了误会，稳定了内部；然后亲自率兵东征，以洛阳为据点，费了三年的工夫，终于平定了武庚的叛乱，杀了武庚和管叔，将蔡叔和霍叔流放。

周公在三年东征中，深刻认识到镐京远离殷民居地，商遗民留居原地难免有鞭长莫及之虞，失于控制。平叛之后，为了防止殷贵族的叛乱，加强对中原地区以及四方的控制，在原来的洛邑建设东都成周。这也是武王生前的愿望。武王克商以后，为了"图夷兹殷"（图谋平定这些殷贵族），主张营建东都，并"营周居于洛邑而后去"。此后，周在洛邑驻屯大军，所以在周公没有建成东都以前，洛邑已经是一个军事重镇，有"洛师"之称。

对于原来商代王畿的殷贵族，武王设置三监，采用就地监督管理的办法。周公吸取管叔、蔡叔和武庚叛乱的教训，觉得让殷贵族留在原来的地方不太放心，于是调整政策，分散殷贵族。除了把一部分殷贵族分批赏赐给分封出去的诸侯如伯禽带往封国以外，大量殷贵族被迁移到洛邑。周公

营建成周之前，已有许多殷贵族被迁到洛邑。周公营建成周，主要就是利用迁来的殷贵族的力量。这种迁移政策，一举两得，既可以削弱这些贵族在原居住地的势力，防止他们叛乱，又可以加强对他们的监督。

成周城成，成王下令把武王从殷都搬来的象征王权的九鼎挪到洛邑，史称"成王定鼎于郏鄏"，郏鄏 即洛邑。东都成周与西方的镐京（宗周）都是西周的都城，创立了东西相连的王畿。这样同时分设两个都城以加强中央集权的统治，是中国政治史上的创举。西周的君王虽常住宗周镐京，但据周器铭文记载，西周自成王始，昭王、穆王、恭王、懿王、孝王、夷王、厉王、宣王、幽王十王有时都会来成周处理政务。成周为天下之中，便于控制中原之地和四方之民，《史记·周本纪》说"天下之中，四方入贡道里均"，是全国征收贡赋的中心，其重要性超过了宗周。

周公在洛阳摄政期间，为新统一的王朝制定了一套典章制度，史称周公"制礼作乐"。 周公的思想影响中国封建社会长达二千余年，成为中国传统文化的重要组成部分。我国春秋时期的著名思想家、大教育家孔子的学说多来源于周公的礼乐之制。孔子特别仰慕周公，他一生所追求的正是周公式的事业。孔子曾不远千里，从当时的鲁国到洛阳来求教周礼，迄今洛阳老城文庙内尚有"孔子入周问礼乐至此"碑一通。另外，被称为"群经之首，大道之源"的《周易》一书也倾注了周公的心血，他在其父文王所作《周易》中卦辞部分即文王八卦的基础上作《周易》的爻辞部分。

洛邑建成时，成王年龄稍大，加之周公、召公的辅导教育以及施政经验的见习，政治上渐渐成熟。于是，周公在洛邑落成典礼之前的朝廷会议上，提出归政成王、告老务农的请求，成王不允，百般挽留，最后召公提出国家尚不十分安宁，还应为朝廷多服务几年。周公与召公将王畿（西起渭河平原，东至伊洛河流域）以河南省陕县西南的陕原（也称陕陌）为界分而治之，陕原以东曰陕东，由周公治理，陕原以西曰陕西，由召公治理。今三门峡市车马坑博物馆内尚存周公、召公统辖范围的分界石。周公居洛，召公居镐。周公死后，他的儿子君陈承袭周公的职位，继续镇守在这里。

（樊莉娜撰文）

杨衒之和《洛阳伽蓝记》

杨衒之，北魏北平（今河北定州）人，《魏书》《北史》里都没有他的传记，其生卒年已经不可详考，甚至连他的姓是杨还是阳、羊，都有不同意见。可是他名满天下，至今为人们传诵、研究，这一切都源于一本书，这本书就是以描写北魏洛阳佛寺为主的《洛阳伽蓝记》。

《洛阳伽蓝记》书首所署作者官衔姓名是"魏抚军府司马杨衒之"。书中自述"永安中（528—529）衒之时为奉朝请"，"武定五年（547），余因行役，重览洛阳"，仅此而已。或说他做过"期城郡（河南泌阳）太守"，或说他做了"秘书监"，不知是否准确。

《洛阳伽蓝记》中的"伽蓝"意为僧侣居住的园林，亦即寺院。书的主题是北魏都城洛阳的佛寺和园林。全书按照洛阳佛寺所在区域，分为五卷，卷一城内，卷二城东，卷三城南，卷四城西，卷五城北。每卷以若干佛寺为纲目，兼及附近官府、宫殿、邸第、园林等。全书共记载44座大寺、47座小寺。原书有自注，后与正文混合，已难分辨。

佛教起源于印度，西汉末年传入中国，东汉明帝刘庄时洛阳出现了中

今人周祖谟《洛阳伽蓝记校释》书影

国历史上第一座佛教寺院白马寺。到南北朝时期，佛教在中国的传播已经相当普遍。北魏佛教盛行，在定都平城（今山西大同）时，就开凿了著名的云冈石窟。太和十八年（494），深受汉文化熏陶的北魏第六任皇帝孝文帝拓跋宏迁都洛阳之后，全国寺庙增至13727所，后增至3万余所，僧尼200万，洛阳佛寺也大量增加。据杨衒之在书首序文和书尾结语所说，洛阳兴建佛寺，从东汉明帝时开始有白马寺，到晋怀帝永嘉年间（307—312），共有佛寺42所。北魏迁都洛阳以后，在洛阳大修寺院，洛阳城内及四邻佛寺据说多达1367所。城外有举世闻名的龙门石窟，寺庙占民房的三分之一。他说：

> 逮皇魏受图，光宅嵩洛，笃信弥繁，法教愈盛。王侯贵臣弃象马如脱屣，庶士豪家舍资财若遗迹。于是昭提栉比，宝塔骈罗，争写天上之姿，竞摸山中之影，金刹与灵台比高，广殿共阿房等壮。岂直木衣绨绣，土被朱紫而已哉！

后来，孝静帝元善见迁都邺城（今河北临漳西北），洛阳残破，余下的佛寺421所。迁都邺城后的魏朝，史称东魏。东魏武定五年（547），"余（杨衒之）因行役，重览洛阳。城郭崩毁，宫室倾覆，寺观灰烬，庙塔丘墟，墙被蒿艾，巷罗荆棘"，目睹昔日京华的凄凉景象后，感慨万千，不胜悲痛，"恐后世无传，故撰斯记"。

杨衒之每记一寺，一般先写该寺的修建年代、修建人，以及所处位置（在某门某方位）、四邻、佛刹规模造型等；再叙及寺院旁和附近的官署、巷里、名胜乃至有关历史、地理、经济、文化、习俗等，几乎囊括了社会的各个方面。正如唐代著名历史学家刘知几所说："盖都邑之事，尽在是矣。"

《洛阳伽蓝记》以记述洛阳佛寺园林的盛衰兴替为主题，是一部洛阳城佛寺的盛衰兴废史。书中还讽刺当时豪门贵族、僧侣地主的豪奢淫纵，揭露佞佛的弊害。古人说"不读《华严经》，不知佛富贵"，实是不读《伽蓝记》，不知佛浪费。杨衒之在书中选择洛阳重点寺、塔，着意铺陈寺塔的豪华，僧侣的贪婪，从而将北魏一朝的军国成败、人事兴废、风俗人物、地理、传闻和洛阳工商业繁盛情况等很自然地融于其中，将宣武帝以后的皇室变乱、宗藩废立、权臣专横等都揭露出来。实是"假佛寺之名，志帝京之事"。

书中当然也夹杂着一些妖魔鬼怪之说，颇为荒诞。但它是魏晋以来搜神、志怪等发展为唐宋传奇的重要阶段，在中国小说史上占有重要地位。此外，书中还采集了许多流行于民间的诗歌谣谚，对了解当时社会状况和南北朝诗歌史具有重要参考价值。

总之，《洛阳伽蓝记》通过北魏京都洛阳佛教寺塔四十年间的兴废，反映出一个时期、一种宗教、一个京师、一个王朝的历史。它描写洛阳名胜，对于兴废变迁、距离方位、四傍依附，描述非常精确，层次分明，井然有序。范祥雍在《洛阳伽蓝记校注·序》中说，根据书中内容，可以十分准确地绘出北魏洛阳城市图，并按照城门方向、城内外里坊远近，正确地标出书中所记众多佛寺以及宫殿官署名胜的位置。杨衒之还追叙与佛寺有关的历史人物和事件，详细记录当时洛阳的风土民情，描绘了市场、酒馆、各种表演、各界人士的谈话……使人们对北魏洛阳城市社会各个方面获得更加深刻全面的印象，带给人们一个遥远而清晰的洛阳城！

（樊莉娜撰文）

中国佛教第一寺——白马寺

白马寺，位于河南省洛阳市东 12 公里处，是佛教传入中国后兴建的第一座寺院。根据《水经注》记载，白马寺始建于东汉明帝永平十一

白马寺

年（68），距今已有近两千年的历史。关于白马寺的起源，有一个神奇的传说。相传永平七年（64），汉明帝刘庄夜梦一个身高六丈、项有白光的金人在宫殿内飞来飞去。醒来说于朝臣，大臣傅毅解梦说："金人为西域之神，尊名曰'佛'。"于是汉明帝派遣郎中蔡愔、博士弟子秦景为使者，去西域寻求佛法。二人历经千辛万苦，终于到达西域大月氏（今阿富汗），巧遇天竺（今印度）高僧摄摩腾和竺法兰。两位高僧非常高兴，授予汉使四十二章刻在竹子上的经法。于是由白马驮着经书，两位天竺高僧也应汉使之邀，于永平十年（67）一同回到京都洛阳。这就是历史上有名的"永平求法"。

汉明帝对此次西域寻求佛法满载而归非常高兴，第二年便选招能工巧匠，修建寺院，藏经供佛。因白马一路驮经，不辞劳苦，便命名这座寺院为"白马寺"，以表对白马感激之情。

东汉时期传入中国的佛经，都是在白马寺译成汉文。摄摩腾、竺法兰、安世高、支谶等中外高僧，都曾在白马寺释经、传教，其中摄摩

白马寺前的白马雕像

腾、竺法兰二位高僧在此译出了我国第一部汉文佛经《四十二章经》。从此，法轮东转，佛像生辉，白马寺逐渐成为中国佛教活动中心，吸引日本、朝鲜、越南等地僧人前来拜佛求法。北魏时，有三千多西域僧人来洛阳进行佛学交流。白马寺的兴建，使佛教文化在中国广为传播，由此对中国人的道德观念、思想文化以及国际文化的交流都产生了重大影响。千百年来，白马寺一直被东亚文化区域奉为"释源（佛教为释迦牟尼所创，又称释教）""祖庭"。

　　白马寺整体为一坐北朝南的长方形院落。主要建筑有钟鼓二楼、天王殿、大佛殿、大雄殿、接引殿、毗卢阁及清凉台等，沿中轴线由南而北，依次分布，两侧为配殿。整个建筑布局严谨，金碧辉煌。唐武则天崇尚佛教，下旨薛怀义任白马寺住持，遂进行了大规模增修，僧人多达千名，从而为白马寺奠定了鼎盛基础。明嘉靖三十四年（1555）又进行大规模整修，形成了白马寺今日的宏伟规模。

　　今天立在白马寺山门外的两匹石马已成为白马寺的象征与标志，把

寺院点缀得更为古朴典雅。在游人心目中，这对雕琢细致的石马一定是东汉建寺时或者隋唐修寺时的遗物，其实不然。1932年"一·二八"淞沪抗战爆发，南京国民政府匆匆迁往洛阳。国民政府主席林森、元老张继喜好文物古迹，在洛阳期间，常外出游览，在东大街古玩店观赏各种出土文物，同时结识了洛阳金石家郭翰岑先生和上海《时事新报》驻洛阳记者洛阳人杨依平。当国民政府还都南京时，张继以十元大洋交给杨依平，要他转交郭翰岑先生，并望他协助郭翰岑将洛阳石马凹北宋驸马都尉魏咸信墓前的一对石马移至白马寺。经过郭翰岑和白马寺主持德浩和尚等人的努力，这对雕琢典雅的石马才竖立在寺院的大门前。

（赵天福撰文）

中国第一佛塔——齐云塔

　　在洛阳白马寺东二百余米处，有一座千年宝塔，名齐云塔，它是佛教传入中国后所建的第一座佛舍利塔。齐云塔创建于东汉永平十二年（69），即创建白马寺的第二年，至今也有近两千年的历史。

　　据《释源大白马寺舍利塔灵异记》说：汉明帝刘庄驾临鸿胪寺，谒见二位印度高僧。当时摄摩腾问道：寺之东南是何馆室？汉明帝答道：很早以前，那里忽然涌起一个土阜，高一丈有余，人们把它铲平了，接着很快又隆了起来。土阜之上，经常放出光芒，当地百姓感到很奇怪，都称之为"圣冢"。自周代以来，人们经常祭祀，祷求灵验，都认为是"洛阳土地之神"，这是何故？摄摩腾答道：在佛灭度后一百余年，印度有一位阿恕伽王，安放佛舍利于天下，共计84000处，东土中国境内则有19处。陛下所言"圣冢"者，即19处中的一处。汉明帝听到这里，就偕同二位高僧、百官臣僚等一同去观看"圣冢"。当他们走近"圣冢"时，只见上面涌出一个圆影，汉明帝和二高僧三人身现圆影之中，如鉴

照容，分明可见。看到此种圣境，众
人皆叹未曾有。汉明帝十分感慨地说：
我若不遇二位高僧，怎知佛在保佑我
呢？于是便令主管衙署在"圣冢"之上，
依腾、兰二高僧所传印度佛塔样式，
兴建佛塔。当年三月一日动工，次年
十二月八日完成。塔九层，高五百余尺，
"岌若岳峙，号曰齐云"。

齐云塔

我国早期的佛塔皆为木结构，大
约在五代时，鉴于木塔容易遭火灾，
故而改为砖塔，但形状仍仿木塔建筑。
据塔前金代撰写的《大金国重修河南
府左街东白马寺释迦舍利塔》碑文说：在北宋靖康元年（1126），木塔
遭劫火一炬，寺与浮屠俱废，唯留遗址。金大定十五年（1175），彦公
大士看到"荒榛丘墟，彷徨不忍去"，故重建砖塔 13 层，高 160 余尺。
今之齐云塔，就是此次所修，是一座四方形密檐式砖塔。塔身上下共
13 层，通高 53 米多。整个塔体结构严谨，造型别致。塔内中空，有踏
窝可攀登而上。塔的第十层向南有门，俗称"南天门"。出南天门，由
塔外再向上三层，可直达塔顶。此时举目远眺，邙山洛水，尽收眼底，
洛阳古城，一览无余。

齐云塔有一种被称作"蛤蟆叫"的神秘现象，当人们站在齐云塔南
面（其实东、南、西、北四面皆可）大约二十米之外用力拍掌时，便会
由塔身发出一种很柔和的声音，听起来和田野池塘里蛤蟆的叫声十分
相似。

这种现象是如何产生的呢？按照物理学声学原理，当声源发出的声
音（即声波）在传播过程中碰到障碍物（例如高墙、大山）时，便会被
反射回来，形成所谓"回声"。如果声源和障碍物距离较近，由于原发

声和回声的时间差很短暂，两者"合而为一"，单凭人们的听觉也就分辨不出来了，于是人们听不到回声。但如果声源和障碍物距离较远，原发声和回声的时间差在 0.1 秒以上，人们的听觉便可以清晰地分辨出原发声和回声，也就可以听到回声了。人们站在塔南 20 米处拍掌，掌声传到塔身再反射回来，其距离约为 40 米，需用时间约为 0.102 秒，这个数值大于 0.1 秒，故人们可以听到掌声的回声。而在这里人们听到的回声并不是像拍掌那样"啪"的一声，却酷似哈蟆叫声，则是由齐云塔独特的结构造型形成的。

齐云塔是一座方形密檐式塔，塔身高大，塔砖又镶砌得十分严密，所以它能对声波形成较强的反射面；又由于它的抛物线形的外轮廓，周长最大处是中腰，故各层塔檐的下檐面和地面水平面之夹角便不可能相同了。根据声学中"入射角"等于"反射角"这一原理，各层或至少是好多层塔檐都会将掌声反射回来；此外，齐云塔每层塔檐的下檐面又略作凹曲面状，所以它在反射声波时会产生"聚焦"现象（类似凹面镜在反光时产生的"聚光"现象）。于是具体情形便是这样：当"啪"这一掌声发出后，它的声波便以"球面"向四周均匀传播，其中沿水平方向传播的声波，先碰到塔身并被反射回来；接着第一层塔檐也把声波反射回来；再下来是第二层、第三层、第四层塔檐等相继把声波反射回来。其中还包括各层塔檐在反射声波时所形成的"聚焦"现象。就是说，人们所听到的由齐云塔形成的回声，实际上是由许多次简单回声的叠加、延续以及所谓"聚焦"而形成的一种复杂的"综合回声"。这种"综合回声"的频率、响度和音色等和哈蟆叫声较为接近，于是人们就听到了那样奇特的声响。

回声是人类生活中常见的一种声学现象，是现代建筑工程（如影剧院、大会堂等）中必须考虑的一个重要因素。北京天坛的回音壁是一处有关声学的著名例子，但齐云塔所形成的哈蟆叫和天坛回音壁的原理并不一样，而且今存齐云塔的修建比回音壁（1530 年）还要早 355 年。

著名建筑学家罗哲文教授在介绍北京天坛回音壁的一篇短文中说，回音壁的声学现象属于普通的声学原理，也不是有意设计的，但它反映出我国古代在建筑材料和施工质量上所达到的高度水平。这些话同样适用于洛阳齐云塔。

（赵天福撰文）

世界文化遗产——龙门石窟

驰名中外的龙门石窟，位于洛阳城南 12 公里处。这里东有香山，西有龙门山，伊水于山门北流，远望犹如一座天然门阙，史称"伊阙"。隋朝建都洛阳后，因宫城城门面对伊阙而始称伊阙为"龙门"。著名的龙门石窟就密布于伊水两岸长达一公里的两山崖壁上，它同甘肃敦煌莫高窟、山西大同云冈石窟并称为中国三大石刻艺术宝库。

龙门石窟开凿于北魏孝文帝太和二年（478），用于雕刻的岩体为古生代寒武纪（5 亿年前）和石炭纪（2.7 亿年前）造山运动形成的石灰岩，石质优良，宜于雕刻。龙门石窟大规模营建于北魏、唐代，历经东魏、西魏、北齐、北周、隋、唐、五代、宋、明历代修建而成，迄今已有一千五百多年的历史。据龙门石窟研究所统计，东西两山现存洞窟 2345 个，碑刻题记 2840 余块，石刻佛塔 60 余座，造佛像 10 万余尊。西山崖壁上有北朝和隋唐时期的大、中型洞窟 50 多个。其中北魏洞窟约占 30%，唐代石窟约占 60%，其他时代的龛窟造像约占 10%。龙门地区的石窟和佛龛展现了中国北魏晚期至唐代最具规模和最为优秀的造型艺术。这些翔实描述佛教题材的艺术作品代表了中国石刻艺术的最高峰。

龙门石窟的精品多集中在西山，北魏开凿的石窟全集中在西山，唐代开凿的石窟分散在东西两山。最具代表性的洞窟有北魏时期的古阳洞、

龙门石窟远景

卢舍那大佛

宾阳中洞、莲花洞、普泰洞、火烧洞、慈香窟、药方洞等；唐代的洞窟有潜溪寺、宾阳南洞、宾阳北洞、敬善寺、摩崖三佛龛、万佛洞、惠简洞、奉先寺等。

奉先寺开凿于武则天被册封为皇后的永徽六年（655），唐高宗上元二年（675）完成。大佛龛南北33米，东西39米，9米宽的三道阶，规模之大居龙门石窟首位。其中的卢舍那大佛是世界雕刻史上的经典之作，那永恒的微笑，给观者留下难以磨灭的印象，西方学者称其为"东方的蒙娜丽莎""中国的维纳斯"。卢舍那大佛位于龙门西山南部，是龙门石窟中规模最大，雕刻精湛的露天摩崖佛龛。卢舍那佛高 17.14 米，头部 4 米，耳 1.9 米，佛像身披袈裟，面容丰满秀丽，神态端庄慈祥，仪表堂堂，目光蕴涵着无穷的智慧。大佛两边侍立弟子佛像，弟子迦叶严谨持重，阿难温顺虔诚。左右菩萨头戴宝冠，身佩璎珞，华服盛装，体态婀娜，显示出端严矜持的性格。北壁的护法天王身着铠甲，手托宝塔，足踏夜叉，威风凛凛；力士赤膊袒胸，盛眉怒目，气势逼人。

龙门石窟中的佛像数量多，规模大，雕刻精美，雕刻技艺精湛，龛窟造像蕴涵丰富，是中国石窟艺术极为重要的组成部分，是中国早期后段和中期石窟艺术的典范。龙门石窟保留着大量的宗教、美术、书法、音乐、服饰、医药、建筑和中外交通等方面的实物史料。因此，它堪称一座大型石刻艺术博物馆。龙门石窟以大量的实物形象和文字资料从不同侧面反映了中国古代政治、经济、宗教、文化等许多领域的发展变化，对中国石窟艺术的创新与发展做出了重大贡献。龙门石窟的历史、艺术、科学和鉴赏价值，使其成为石窟艺术系列中不可缺少的代表作之一。

（赵天福撰文）

生在苏杭，葬在北邙

邙山，西起渑池，东至郑州，长达一百九十多千米。历史时期在洛阳兴建的商都西亳、周都王城、汉魏故城、隋唐洛阳城，都是背依邙山，南襟洛水。邙山因位于洛阳城之北，故又被称为北邙。夏商之后，从周平王东迁定都洛阳以来，东汉、曹魏、西晋、北魏、隋、武周、五代梁和唐都曾先后定都于此。洛阳还是新莽、唐、五代晋、汉、周、北宋、金七代的陪都。历代的皇陵多建在邙山一带，其中以东汉皇陵最为著名。横亘洛阳北侧的邙山，冢连冢，墓压墓，古墓之多，有"无卧牛之地"的说法。唐代著名大诗人白居易有诗曰："洛阳城北山，古今葬冥客。

洛阳古墓博物馆

聚骨朽成泥，此山土多白。"实际上邙山只不过是一处黄土层较厚的矮山，地貌形态和黄土高原相似，高不过百米。为什么邙山之上有如此之多的古代墓葬呢？

在古代，人们认为坟墓就是死者的房屋，在修建墓穴时十分讲究风水。邙山被认为是"头枕黄河，脚登伊阙"的风水宝地，历代王侯将相和王公贵族多把邙山视为死后长眠的最佳场所。所以唐代诗人王建有诗云："北邙山头少闲土，尽是洛阳人旧墓。旧墓人家归葬多，堆着黄金无买处。"另外，邙山附近有座武则天题写的升仙太子碑，相传是王子乔升仙之处，更为邙山罩上了一层神秘的色彩。

二十世纪五十年代，在洛阳兴建了第一拖拉机制造厂、轴承厂、矿山机械厂等现代化大工厂，动工时向地下打井探孔，几乎处处发现有古墓。有时探出的古墓，上面是唐代的，下面是汉代的，多层墓葬相互叠加。当时的中央文物局还专门成立了洛阳考古发掘队，赶赴洛阳，主持中华人民共和国成立后第一次大规模的考古发掘工作。他们在洛阳的烧沟村，一下子就钻探出古墓葬一千多座，发掘了其中的四百多座汉墓。到目前为止，文物考古工作者已经在洛阳发掘了上万座古代墓穴，出土了三四十万件珍贵文物，从石器时代的墓葬一直到明清的墓葬都有发现，洛阳称得上是一个古墓大观园。

在十九世纪末刮起的盗墓之风和二十世纪五十年代的建设热潮中，埋藏在地下的古墓几乎被破坏殆尽。为了对残存的古墓进行保护，1984年起在洛阳市北郊的邙山之巅、景陵（北魏宣武帝之墓）的下方修建了一座被誉为"世界之最"的"洛阳古墓博物馆"。

洛阳古墓博物馆占地约三公顷，建筑面积为7600平方米。搬迁、集中、复原风格各异的典型陵墓22座，包括西汉、东汉、魏、晋、唐、宋等六个朝代的古墓。馆内展品保持原物、原型、原样、原规模，风格之别致，收集古墓年代之久、类型及数量之多均居世界首位，是中国一大奇观。洛阳古墓博物馆是一座新型的、科学性和艺术性很强的专题博物馆，也是全国第一座古墓博物馆，在国内外享有盛誉，它对研究我国的古代史、美术史、建筑史、墓葬形制、丧葬制度、风尚习俗等，都具有十分重要的价值。

（赵天福撰文）

洛阳牡丹甲天下

牡丹是花中之王，用"国色天香"来形容牡丹，确实是恰到好处。名花名都，历史的机缘将牡丹与洛阳联系起来，牡丹这种富丽堂皇的花卉成为洛阳城市的象征！

> 洛阳春日最繁华，
> 红绿阴中十万家。

牡丹图，齐白石绘

谁道群花如锦绣，

人将锦绣学群花。

这是宋代著名历史学家司马光《洛阳看花》一诗中的诗句。

关于洛阳牡丹曾有这样一个传说：牡丹花本来以都城长安种植最多，在一个隆冬时节，武则天写下诏令：

明朝游上苑，火急报春知。

花须连夜发，莫待晓风吹。

至次日凌晨，百花不敢抗旨，破例盛开，只有牡丹不开。武则天勃然大怒，把它们贬至洛阳。谁知牡丹一到洛阳，居然竞相怒放。武则天下令用火来烧，枝干都烧焦了，到第二年春天花却开得更为夺目。

牡丹原为野生的落叶小灌木，在中国大约有一千五百年的栽培历史。牡丹是中国名花之一，其花朵硕大，花容端丽，雍容华贵，超逸群卉，是繁荣昌盛、富贵吉祥的象征，素有"花王"之称。

洛阳地处中原，土层深厚肥沃，雨量适中，牡丹生长得天独厚。自古就有"洛阳牡丹甲天下"之说。根据有关史料考证，洛阳牡丹种植始于隋，盛于后唐，"甲天下"于宋。北宋时，"洛阳家家有花"，"凡园皆植牡丹，盖无它"。历史上洛阳牡丹以规模大、花朵大、色鲜艳、种类多而闻名天下，欧阳修有诗云："洛阳地脉花最宜，牡丹尤为天下奇。"

北宋时期，洛阳牡丹就有"欧家碧""左花""白玉板兰"等知名品种，如今已发展到品种 400 个，面积千亩，150 万余株的庞大规模。比较名贵的品种有"花二乔""株二乔""掌花案""梨花雪""姚黄""豆绿""夜光白""烟绒紫"等；花色有红、黄、蓝、绿、白、粉、紫、黑八大色。

牡丹是幸福和华贵的象征。历史上，为之吟诗作赋、泼墨绘丹青者数不胜数。欧阳修还精心写了三本关于牡丹的专著：《洛阳牡丹谱》《洛阳牡丹记》《洛阳牡丹图》。苏辙有诗云："花从单叶成千叶，家住汝南移洛阳。"为了赏牡丹，举家从汝南迁到洛阳。司马光住在洛阳时，邀请友人雨中赏牡丹，以诗为信："小雨留春春未归，好花虽有恐行稀，劝君披取鱼蓑去，走看姚黄判湿衣。"白居易任翰林学士时，有一天在翰林院上晚班，院中的红牡丹即将凋零，他倍感惋惜，伤感地点灯观看，恋恋不舍，依依难眠，赋诗《惜牡丹花》："惆怅阶前红牡丹，晚来唯有两枝残。明朝风起应吹尽，夜惜衰红把火看。"尽显惜花之情，怜香之意。

"唯有牡丹真国色，花开时节动京城！"唐代大诗人刘禹锡这一传世名句就是古时人们欣赏洛阳牡丹情景的绝妙记述。从 1982 年起，每年 4 月洛阳都会举办牡丹花会，游人如织，赏花观灯，热闹非凡。

（樊莉娜撰文）

五　曾观大海难为水，除去梁园总是村

开封的别名

有正式历史记载的开封城市出现是在春秋时期郑庄公（公元前743—前701年在位）时代。当时东周政权无力维持天下一统的局面，王权衰微，列国争霸，开封地处中原，势为兵家所争。郑庄公为开疆拓土，命大臣郑邴修筑"仓城"，位置在今开封城南四十多里的古城村西北，西北距朱仙镇不远，现尚存一段古城墙遗址，遗址土层内有许多战国至两汉的石器、陶器碎片。仓城规模不大，定名为启封，"启"是"开"意，西汉时为避景帝刘启讳，改"启"为"开"。也有人认为郑庄公时代所修仓城即名为开封，取开土封疆之义。

春秋时期，在卫国南部边境，有一座小城邑叫"浚"，因邑北有浚水而得名。浚与郑国的启封隔逢泽（沼泽地，又叫逢池）相望，它就是今日开封的前身。

公元前391年，魏、赵、韩三国在浚邑、榆关一带同楚国发生了一次大战，楚国战败，原为楚国侵占的卫国浚邑被魏国占有。公元前364年，魏惠王将都城由安邑（今山西省夏县西北）迁往浚邑，号称大梁。南面的启封也纳入魏国的版图。魏惠王将逢泽之地奖民垦殖，又修凿鸿沟，引圃田之水灌溉田地，使大梁一带的农业很快发展起来。魏惠王还大规模营建大梁城，建宫殿，造园圃，聚集人口，发展手工业和商业。仅仅十多年时间，大梁面貌骤变，由普通城邑一跃为中原地区著名的工商都会。魏国也随之成为"拥土二千里，带甲三十六万"的强盛国家。

不过魏国的强盛犹如昙花一现。秦国在商鞅变法之后，经济上很快强盛起来，并逐步吞并东邻韩国、魏国。公元前225年，秦派大将王贲攻魏，引黄河水灌大梁，大梁城坏，魏王投降，魏亡。这是开封第一次遭遇毁灭性水灾，存在了一百三十多年的中原都城大梁，就这样变成了一片废墟。

大梁成为魏都后，城市建设得到很大发

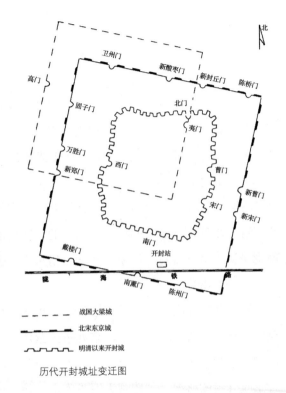

历代开封城址变迁图

展，规模宏伟，有城门十二。东门外因有夷山而被称为夷门，夷门监者侯嬴因助信陵君窃符救赵扬名，后世遂以夷门代指开封。

梁园，又称菟园，在今开封城郊东南三里处的禹王台公园一带。相传西汉初年汉文帝封其子刘武于大梁，曾大筑亭苑，名曰梁园，刘武常与宾客在此游乐渔猎。然据《史记》记载，刘武被封为梁王，封疆在今商丘附近，开封不在其域内。由于后人的附会，东汉时已将梁园混淆，特别是经过唐代李白、杜甫等大诗人的宣扬，一般人都将梁园作为开封的别号。

南北朝时东魏在开封地区设立梁州。

南北朝时北周改梁州为汴州，"以城临汴水，因以为名"。

五代时，朱温建立后梁后下诏建开封府，"建名东都"，与西都洛阳对应，因都、京意同，亦称东京。北宋定都于开封，并定名为东京，不过是从五代沿袭下来，重新命名而已。东京是开封府的所在地，不少

书上又连称东京开封府。

开封古称汴州，简称汴，定都后，当时人们常用汴都之称，如周邦彦《汴都赋》。汴京名称应起于五代，至迟当在宋初。五代宋初人陶谷在《清异录》中记载了一个故事，其中开封人自称乡里是汴京。北宋官府亦常使用"汴京"一词，如神宗时修京城，命李清臣作记刻石，即云"惟我汴京"。也有说金于1132年迁都至此，以开封为汴京，是开封官称汴京的开始。

汴梁也是东京开封的代称，是从大梁、汴州或汴京二者中间各取一字。这一名称出现的时间也是相当早的。在南唐末北宋初的陈彭年《江南别录》中就出现过"汴梁"一词，指东京。也有说元设汴梁路，才有汴梁一词的出现。

开封最为辉煌的时期无疑是北宋时期。经过太祖、太宗、真宗、仁宗、英宗、神宗、哲宗、徽宗、钦宗九帝的营建，开封终于在十一至十二世纪初，成为中国同时也是世界上最大最繁荣的城市。时任节度使柴宗庆曾感叹开封的盛况，"曾观大海难为水，除去梁园总是村"，意指经历过大海的广阔无边，就不会再被别的水体所吸引，感受过开封的宏伟壮丽，其他城市都不过是普通的村落。

总之，开封在漫长的历史中，使用过很多名称，有一些名称是先在民间使用，后来被官方承认并使用，有一些名称因为特殊的历史背景和文化渊源而如雷贯耳，这些名称将载入开封城市史册，在历史的滚滚洪流中昭示开封的发展轨迹。

（樊莉娜撰文）

夷门和开封

战国时代，齐、楚、燕、赵、韩、魏、秦七雄逐鹿中原，地处关中的秦国逐渐脱颖而出，强大起来。其锋芒所指，山东六国无不凛然。为避强秦锋锐，原建都山西安邑的魏国，于公元前364年将国都东迁大梁，修筑了大梁城。这在开封历史上是一个里程碑式的重大事件。开封从此作为一国之都，跻身于中华名都之列。

本来大梁之地与魏国土地并不相连，魏武侯时大梁尚在楚国手中。魏国为向中原发展，对大梁之地的作用十分重视，或用土地交换，或诉诸武力夺取，经过多年经营，终使大梁与本土连为一体。大梁归魏的确切时间在楚悼王十一年（前391），这一年三晋合兵抗楚，夺得大梁和其他楚国土地，楚国势力从此不能北上发展。

大梁之地具有极为重要的战略地位。军事上大梁四周一马平川，处于四战之地，但是西边有韩国作为屏障，不像在山西安邑时与秦国直接为邻，正当秦之锋芒；而且大梁对于锐意称霸的魏国来说，攻伐掠野，四周皆可发展。政治上大梁地处天下之中，西离东周洛阳不远，会盟朝拜十分方便，魏惠王曾多次与韩昭侯、韩宣惠王、秦孝公、齐威王相会，又大会诸侯于大梁西北的逢泽，这些政治活动皆以大梁为中心展开，比在安邑时便利得多。经济上大梁位于华北大平原之上，沃野千里，地势平坦，交通便利，物产丰富，惠王时又开鸿沟以济大梁，农工商业的发展条件远比安邑优越得多。地理上大梁北有河水、济水，附近湖泽环绕，植被繁茂，且当时北方气候温和，既在平原之上，又有水网之利，所谓"北据燕赵，南通江淮，水陆都会，形势富饶"，较之晋地安邑，优越不可相比。基于此，魏惠王毅然迁都大梁，从而为魏国称霸中原创造了条件。

据记载，当时魏都大梁城共有城门十二座，但至今其位置与名称均不可考。现在仅知道的城门有两座，一是大梁城西门，时称高门，其位置在今开封西城墙外约五里外的东陈庄；另一座是大梁城东门夷门，位置约在今开封北门一带。夷门因门外有夷山而得名。但熊伯履先生曾在《夷门与夷山》一文中说："夷门之名，起于战国，夷门山之名，著于

宋代，夷山之名，则盛行于明代以后。始而呼大梁之东门曰夷门，继而呼夷门所踞之冈阜曰夷门山，又继而省夷门山之名曰夷山。是夷山因夷门而得名，非夷门因夷山而得名。"夷山又称夷门山，《东京梦华录》卷一即载有"子州北夷门山"。

夷门在历史上十分有名。这是大梁隐士侯嬴向信陵君献"窃符救赵"之计的地方。信陵君，名无忌，魏昭王的小儿子，与魏安釐王是异母兄弟，封信陵君，史称魏公子。他是一位具有传奇色彩，又与大梁城联系非常紧密的历史人物，凡提到大梁，不可不提信陵君。信陵君的时代正是魏国的多难之秋，为救国难，他广延天下之士，无论贤与不肖皆以礼相交，天下之士都争先恐后地投奔他，至有食客三千人。

公元前275年，秦赵大战于长平，一夜活埋赵兵四十万人，并以重兵包围了赵国都城邯郸，赵国危急，求救于魏。魏王命大将晋鄙统率十万虎狼之师前往营救。秦王派人对魏王说：诸侯有敢救赵者，就是秦国攻破赵国后的第一个打击目标。魏王惧怕，忙令晋鄙屯兵途中，临境观望，不得擅自开衅。而赵国相平原君心急如焚，一日数次向自己的妻弟信陵君告急。信陵君请魏王出兵，魏王畏惧秦国势力始终不答应。信陵君虽然着急，但他手无重兵也无计可施，思索再三决定率家中食客奔赴战场，与秦军拼个你死我活。

侯嬴是夷门的看门人，《史记》称之为"夷门监者"，年近七十，家境贫寒。信陵君不以尊卑待人，厚遇侯嬴，侯嬴又推荐友人大梁市上卖肉的朱亥于信陵君，信陵君亦厚遇之。信陵君率宾客出发路过夷门，对侯嬴说了自己的打算，而后告辞。侯嬴既不祝福也不阻止，一句话也没说。信陵君去而复返，问其缘故。侯嬴说：公子礼贤下士，天下闻名。今公子有难，无任何计谋即奔赴战场，这就像以肉投饿虎，有什么用呢？还养食客干什么呢？于是让公子把身边人赶走，出密计说：听说魏国兵符藏于魏王卧室之中，魏王宠妃如姬可出入魏王卧室。公子曾经砍了如姬杀父仇人的头，替她报了仇。如姬非常感激你，一直想报答你。公子只要请如姬窃出虎符，用符夺晋鄙军权，就可以北上救赵了。并说如果晋鄙接到兵符后仍不交出兵权，就让朱亥杀了他。信陵君采纳了他的计谋，偷到藏在深宫中的虎符后，星夜赶到晋鄙军驻地，合符后，杀了晋鄙，夺得兵权。向来弱于秦军的魏军，后无援兵，又受魏王牵制，却一举战胜强秦，解救了赵国。

夷门因此名垂青史，名震天下，后世遂以夷门代指开封。金代李汾诗云："琪树明霞五凤楼，夷门自古帝王州。"

（樊莉娜撰文）

千年古刹相国寺

很多人对于开封大相国寺的了解，都来源于《水浒传》。《水浒传》里，一百单八条好汉中最让人快意的人物，是在开封大相国寺看菜园、吃肉喝酒、倒拔垂杨柳的花和尚鲁智深。鲁智深身上时时流露着一种鲁莽与机智浑然相合的潇洒感和幽默感，他的言行举止经常令人忍俊不禁、捧腹叫绝。因此，提到大相国寺，人们首先想到的就是水浒草莽英雄鲁智深倒拔垂杨柳的故事。鲁智深刚到大相国寺的时候，一心想当一个"监寺"之类的"白领"，但方丈知人善用，给他安排了一个"菜头"的差事——当时经常有人到菜园捣乱，让鲁智深去管理是再合适不过了。

大相国寺初名建国寺，创建于北齐天保六年（555）。清代周城《宋东京考》等书载，相国寺所在的地方原为战国魏公子无忌——信陵君的故宅，直到北宋时，这一带仍称"信陵坊"。后来建国寺毁于兵火。唐初这里是歙州司马郑景的宅园。武则天长安元年（701），名僧慧云从湖南来到开封，自称见此宅池沼内有楼殿幻影，认为有灵气，遂发愿在此建寺。慧云原本是以"福慧寺"为名建寺的，但破土动工时从地下挖出北齐建国寺寺碑，慧云认为这是神佛显化，而且碑文除记载建国寺建

相国寺

寺的情况外，还特别强调这里曾是信陵君故宅的历史事实，得知此地非凡的历史渊源，遂决定沿用"建国寺"名。延和元年（712），唐睿宗李旦为纪念自己由相王当上皇帝，下诏改建国寺为大相国寺，并亲自书写了"大相国寺"匾额。自此相国寺香火日盛，声名显赫，历久不衰，成为中州名寺。

北宋一百六十八年，是相国寺历史上最繁盛的时期。宋太宗至道元年（995）五月，对相国寺进行了大规模扩建。全寺分慧林、智海等64个禅院，占地540亩。匾额由宋太宗御笔亲题。寺内建筑豪华，壮丽绝伦，花卉满院，被赞为"金碧辉映，云霞失容"。北宋历代君主对大相国寺都特别崇奉，寺内各院住持的任命和离职，都直接由皇帝决定。每逢住持就职，朝廷按例遣中使降香，谓之"为国开堂"。与唐代进士及第刻石于大慈恩寺一样，宋代进士及第刻石于大相国寺。相国寺当时号称皇家寺院，名动天下。

"修行何须山水间"是大相国寺代代相传的法语。一代又一代出家到大相国寺修行的僧人在开封这个喧嚣与骚动的都市中大彻大悟，历练成得道高僧。庙宇把滚滚红尘与天国的礼佛活动搞得如同泾渭，但大相国寺似乎并非如此。作为佛寺，北宋大相国寺极其热闹，这是它和其他远离尘世、幽邃凄清的佛寺最大的不同处。集端庄肃穆的佛寺和热闹熙攘的集市于一身，是北宋东京皇家寺院相国寺的最大特点。这一特点，历代相承。

大相国寺位于宋都东京里城的南部，是当时最繁华的区域。大相国寺南临当时的东京交通动脉汴河河岸，商贾、货物往来如织，而大相国寺庭院广阔，游人如云，除进行佛事活动之外，自然也就成了民间交易和游乐的场所。大相国寺庙会是一项定期开放的活动。开放时间，各书虽然记载不一，但大抵常开放于朔望三八之日。货物种类大致可分为书籍、玩好、碑帖、字画、笔墨、药品、食品、杂物等。这些商品分别在相国寺内不同地点设肆经营。此外，还有算命、看相、卜卦、货术、杂技、女乐等技艺，十分热闹。宋孟元老在《东京梦华录》卷三中特设《相国寺内万姓交易》一个标题，详尽记载了大相国寺的交易盛况："相国寺每月五次开放，万姓交易。大三门上皆是飞禽猫犬之类，珍禽奇兽，无所不有。第二、三门皆动用什物……近佛殿孟家道院王道人蜜煎，赵文秀笔及潘谷墨占定。两廊皆诸寺师姑卖绣作……殿后资圣门前，皆书籍、玩好……后廊皆日者货术传神之类。"据宋《燕翼诒谋录》记载："东京相国寺乃瓦市也。僧房散处，而中庭两庑可容万人。凡商旅交易，皆萃其中，四方趋京师以货物求售、转售他物者，必由于此。"相国寺庙会上出售的货物品类繁杂，许多珍贵文物都能在这里买到。文学家黄庭坚曾在相国寺买到宋代史学家宋祁的《唐史稿》手迹。著名女词人李清照年轻时也常和丈夫金石家赵明诚到相国寺选购书籍碑帖，时有收获。相国寺的定期集市开后世城市中大型庙会之先河，明清时代京师的庙会即来源于此。

在商品经济熏陶下，大相国寺的一些和尚也直接参与商业活动，他

相国寺鼓楼

们有的竟然违背佛教戒律，开办了烧猪院，经营猪肉生意，和尚惠明甚至成了名闻京城、专门烹调肉类菜肴的厨师。北宋的商业大潮将出家人裹挟在内，堪称叹为观止。

在宋代，大相国寺和开封一起走过了它们最辉煌的岁月。北宋以后，盛极一时的大相国寺在战火与黄水的双重毁灭中屡遭摧残，又屡获新生。

靖康元年（1126），东京被金人两度围攻。在此期间，大相国寺一度被作为招募义勇兵准备抗敌的场所。后来，金人攻城甚急，大相国寺又成为难民临时避难的场所。其时，大相国寺的东西两庑，都住满了难民，难民们啼饥号寒，惨不忍睹。在金人攻陷东京后，大相国寺又成为难民们以财物赎取被金人掳去的家人、亲友的场所。此时，大相国寺成了难民的庇护所。

国土不再庄严，皇家寺院的命运也就可想而知。1170年，南宋诗人范成大路过汴京，过大相国寺，但见"倾檐缺吻，无复旧观"。1232年，南宋使者邹伸在出使北国的路上，往相国寺，只见"寺门成劫灰，只存佛殿一区"。大相国寺在外族的铁蹄下无可奈何地衰败了。

元时，由于蒙古人崇奉佛教，曾对相国寺略加修整。详细情况，因史籍中缺乏记载，故不得而知。唯明李濂《汴京遗迹志》卷二十三有元人陈孚的一首七律《登相国寺资圣阁》，描绘了资圣阁的雄姿：

大相国寺天下雄，
天梯缥缈凌虚空。
三千歌吹灯火上，

> 五百缨缦烟云中。
>
> 洛汭已掩西坠日，
>
> 汉津空送南飞鸿。
>
> 栏杆倚遍忽归去，
>
> 飒飒两鬓生秋风。

元末，开封在烽火连天的三次拉锯般的大战中墙倒城摧，大相国寺也再次惨遭毁坏。

明代时，相国寺在开封府境内各寺院中仍居首要地位。经过多次修建，明代相国寺的规模虽不如北宋的宏丽，却比金、元时繁盛得多。明代的相国寺已由宋代每月五次、金代每月八次的定期庙会发展为"每日开市"，成为人们日常交易和游乐的场所。明代二百七十多年间，对开封威胁最大的就是黄河水患。明代黄河泛滥的次数极多，其中使开封受到重大损失的就有十一次。最严重的一次发生在崇祯十五年（1642）。是年四月，李自成起义军围攻开封，官军闭门固守不敢出战。至九月，官军粮尽，突围无望，便乘阴雨连绵、秋水大涨之际，在相隔三十里的朱家寨和马家口同时挖开两个口子，企图水淹义军，以解城围。不料河水汹涌澎湃，竟冲进城内，"水自北门入，贯东南门出，奔声如雷，城中百万户皆荡尽。得脱者，惟王妃、世子及抚按以下不及二万人"。直到清顺治元年（1644）六月，黄水才回复故道。而开封全城，包括相国寺在内，已经完全化为泥沙淤没的一片废墟，黄沙白草，夕阳残照，惨惨凄凄。

清代从顺治十八年（1661）到光绪二十年（1894），先后九次修葺相国寺。以乾隆三十一年（1766）那次修建的规模最大。所需款项除各方面捐助外，又特拨库银一万两。历时两年多，共修了山门、钟鼓楼、接引殿、罗汉殿、藏经楼、观音阁、地藏阁、西院各配殿、戒坛等，并附建了各郡行馆及祇园小筑。竣工后，乾隆皇帝钦赐相国寺碑文匾额，

相国寺一角

其墨迹保存至今。现在大相国寺的几座旧殿，就是此次修建后的遗物。但相国寺的面积较前大大缩小了。祇园小筑是一个类似于行宫或招待所的建筑，极其幽雅。这种东西，在国内其他寺院是不多见的，它是大相国寺皇家寺院性质的一种延续，所隐喻的自是大相国寺与朝廷非同一般的关系。

相国寺庙会在清代更有发展。钱泳《履园丛话》说相国寺"百物充盈，游人毕集，为汴梁城胜地"，描绘了当时交易的繁荣和游乐的热闹。这是乾隆五十三年（1788）钱泳在河南巡抚毕沅幕府任职时目睹的事实。据旧日寺僧口述，从前相国寺内只有一些摊贩，清末才由寺出资在东、西走廊一带建一些店铺，赁与商贩营业，所有地皮和住房由寺按日或按月收租金。营业时间只限于白天，入夜即须歇业外出，因寺内惯例，每至晚十点必须净寺锁门。这样，清代的相国寺不但每天全天开放，而且寺内有了固定的店铺，古董字画、药品杂货、服饰刺绣无所不售，更有多样甜食、小吃各具风味。大相国寺自制的腊八粥其味浓美，在市民中享有盛名，说书、坠子、相声、皮影、戏法、武术等曲艺杂耍的演出终年不断。由此可见大相国寺佛、市渊源甚深，后来演变为市场似乎也不是偶然。

清末民初，天下大乱，民不聊生，大相国寺的日子过得却不赖。在乱世中，大相国寺安抚人心的功用很有一些收获，即使僧人们不进行募捐，还是有很多既得利益者愿意捐钱献地，以求菩萨保佑平安。当然，普通民众也经常捐些小钱。依靠这些钱财，大相国寺不但翻修了罗汉殿，修葺了山门的牌坊，还在寺院大殿的两侧新建了48间门面房，租给商户，收取租金。后来，大相国寺又修建了马道街市房、寺内两廊市房、寺前街市房、鱼池街市房等。据马灵泉的《相国寺》记载，"时大相国寺每月房租收入逾两千大洋"，且"每年南乡供粮，西乡供柴（寺院在开封南、西皆拥有大量土地），寺僧终岁吃著不尽"。

1927年，冯玉祥主政河南后，深为大相国寺之富厚所动，遂向寺院支借10万大洋，以充军饷。续慧方丈说："我和尚吃八方，你冯玉祥难道要吃十二方？"冯玉祥一气之下，要破除迷信，遂推出"庙产兴学"的口号，把大相国寺僧人逐出寺院，捣毁铜铸的佛像，化铜为戈（子弹）。并于1927年10月下令将大相国寺改为中山市场，相国寺变成了真正的商场。冯玉祥虽把大相国寺改设为中山市场，但开封民众仍习惯上延称其为相国寺，只不过此时的相国寺不再是佛家的寺院，而成了一个地理上的名称。

大相国寺被废后，曾经颇有盛名的放生池被填平，东边建了个公共厕所，北边建起中山舞台（后改为同乐舞台）。不承想，这同乐舞台竟成就了二十世纪河南豫剧。大相国寺自宋太祖赵匡胤起，就搭棚演戏，其后戏风日盛。大相国寺向来是个普天同乐的地方，它与北京的天桥、济南的大观园一道，被誉为中国曲艺的三大发祥地。秉承传统，大相国寺的同乐舞台与相继在此建成的永安、永乐、国民等戏院一起，成为二十世纪河南豫剧崛起的舞台。在大相国寺，豫剧告别了高台、戏楼，走上了新型剧院，这在豫剧的发展史上具有里程碑式的意义。而豫剧的冠名，则是中华人民共和国成立之后的事了。

冯玉祥"庙产兴学"致使大相国寺大批珍品被毁，唯八角琉璃殿中之千手千眼佛幸免，保存至今。

千手千眼佛亦称千手千眼观世音菩萨，按佛教经典《楞严经》所云：观世音菩萨以圆通修证无上道故，能现众多妙容，由一首三首乃至一百八首、千首、万首、八万四千烁迦罗首；由二臂四臂乃至一百八臂、千臂、万臂、八万四千母陀罗臂；由二目三目乃至一百八目、千目、万

千手千眼佛

目、八万四千清净宝目。千手千眼之说，源本于此。元朝时管夫人所撰《观音大士传》一书谓：千手千眼观音为妙庄王第三女，因忤旨被贬。后王重病，延名医诊治，曰："必得一亲人之手眼为药引，始能愈。"王有三女，遍询之，长女、次女皆不愿，唯三女虽被贬，却毅然断手剜眼以献。妙庄王服后，病果愈。悲其三女失手目，叩天地求为其全手全眼，不意上天误以为千手千眼，乃成佛。此说虽为附会无稽之谈，在民间却广为流传。

大相国寺千手千眼佛建于清代乾隆年间（1736—1795），是用一棵银杏（白果）树历时五十多年雕制而成。银杏树是一种具有很强抗御灾害和污染能力的长寿树种，其木质地坚实，不生虫害，制器不裂，故雕成至今已二百余年，仍完好无损。该佛像重二千多公斤，高七米，四面造型，每面分四层，各有大手六只，小手二百多只，从肋间成扇状向外分布大大小小的胳膊和手掌，每只手掌中有一只眼睛。根据大小手的分布，很多书都说她共有1048只手和1048只眼，后有人进行多次查数、复核，发现四面造型并非完全一致，个别处稍有差异。《汴梁晚报》的《汴京之谜》栏目撰文说大相国寺千手千眼观世音菩萨共有1049只手（大手24只，小手1025只）和1033只眼睛（24只大手无眼，四面部各有两眼）。佛像面部丰润安详，眉如弯月，眼透灵光，嘴角微笑，肩披天衣，跣足而立，外饰金箔，充满幽雅静谧的神秘美感。其结构之奇妙，雕工之精细，韵味之美妙，在国内观音造像中是难得的上乘之作，举世无双！

守着这尊镇寺之宝，续慧方丈并没能从菩萨身上借来一双慧眼，一句话惹怒了冯玉祥，给自己带来了灾难，也使大相国寺走向了消亡。如今，大相国寺已恢复成为佛教活动场所，与大相国寺市场毗邻而居，依然是佛市并存。

（樊莉娜撰文）

陈桥兵变

与其他王朝相比，在宋代的政治生活中，野蛮、蒙昧的色彩在消退，理性、人道、文明的因素在增多，政治运作的文明化、理性化程度大大提高，这肇始于"宋氏启运"过程中的理性、人道。北宋开国皇帝赵匡胤是通过陈桥兵变夺取天下的。陈桥兵变基本上是一次和平兵变：没有喋血宫门，伏尸遍野，更没有烽烟四起，兵连祸结，几乎是"兵不血刃，市不易肆"，就取得了改朝换代的成功，创造了"不流血而建立一个大王朝的奇迹"（黄仁宇语，见《赫逊河畔谈中国历史》），酿造出一种文明理性的"立国气象"。

后周显德七年（960）大年初一，噼啪作响的爆竹声中，后周文武百官入宫庆贺新年。忽然镇、定二州谍报传来：契丹与北汉联兵南下进犯。即位不久的后周恭帝柴宗训年仅8岁，不谙世事。临朝听政的太后慌忙命掌握禁军的殿前都点检赵匡胤率兵出征。初三早晨，33岁的赵匡胤率六万大军出开封陈桥门向北进发。俗话说："兵上一万，没边没沿。"六万大军浩浩荡荡塞满了官道，望不到边的旌旗猎猎作响。当天夜宿陈桥驿。

陈桥驿在后周时是通往大名府的小驿站，位于今开封市东北封丘县陈桥镇，距开封市四十多公里。宋代时处在黄河的南边，后因黄河改道，现位于黄河的北边。小镇迎来了大兵，搭起了千百座营盘。随着夜幕的

降临，一种骚动的情绪在寒风中蔓延，开封城"点检做天子"的流言在军中迅速传开。赵匡胤帐外一片喧哗，赵光义、赵普匆匆赶到，禀告众将士带着兵器环绕于庭，恳请赵点检为民做主，出来当皇帝。赵匡胤诚惶诚恐，推辞再三，可将士们如何肯答应，不容分说，一件金光闪闪的黄龙锦袍已披在赵点检身上，大家团团拜倒，"万岁"之声响彻夜空。赵点检终于为将士们的赤诚打动，于是进军的方向改向京师。披上黄袍的赵匡胤被将士簇拥着回师京城，他数次"严敕军士，勿令剽劫"，从而保证了兵变入城时的纪律严明，"秋毫无犯"，由此赢得了民心，"都城人心不摇，四方自然宁谧"。整个过程仅侍卫亲军副指挥使韩通因准备抵抗被王彦升杀其一家。

初五，在崇元殿举行帝位禅让大礼。后周恭帝的禅位诏书宣读完毕，赵匡胤行礼如仪，接受诏书，登上皇帝宝座，百官在殿下叩头，山呼万岁。因他曾任治所在宋州（今商丘）的归德军节度使，赵匡胤改国号为宋，改元建隆。赵匡胤是为宋太祖。自此，兵不血刃，北宋代周，演完了中国历代王朝嬗变中最为和平的一幕，以此为契机，结束了五代以来纷争不已的局面。一个声威赫赫的王朝就这样诞生了。

天上掉馅饼的事不可能有，所谓"黄袍加身"是经过精心策划的。古人写诗云，"黄袍不是寻常物，谁信军中偶得之"，对官方史书的记载表示不屑。

偶然的机会让陈桥驿"一夜成名"。因为是"龙兴之地"，北宋时陈桥驿地位显赫。宋初，陈桥驿被改为"班荆馆"，作为接待契丹使者、过往官员和举行国宴的地方，不再单纯是一个交通通信机构。据说班荆馆规模宏大，建造讲究，陈设华丽，设施十分周全。宋徽宗崇宁四年（1105），班荆馆被改为"显烈观"，取"显扬祖烈"之意，成为宋朝皇族宗室经常活动的场所。

（樊莉娜撰文）

旷日持久的定都争论

赵匡胤在陈桥驿黄袍加身，革了后周的命，建立了自己的王朝，做了皇帝，顺便沿袭五代梁、晋、汉、周的旧都为新王朝的国都。但他打心眼里没看上他发迹的这块地方。他嫌这里过于平坦，土里土气，倘若外敌入境，用不了几天工夫，就可直抵京城门下。不像依山傍水的古城长安和洛阳，不仅有盛朝建都的吉运，还有山河拱卫之险。因此他虽然比照着洛阳宫阙图纸，一模一样地修建了皇宫大内，可对西京的眷恋，始终萦绕于怀，总想寻找机会迁都洛阳并最终迁都长安。但他的臣下似乎已经习惯了东京的生活，变得安土重迁，对迁都并不看好，力图使皇上打消这一不切实际的念头，争论在所难免。

太祖开宝九年（976），赵匡胤刚提出出巡洛阳，马上有官僚慷慨激昂地出来反对，就是怕他赖在洛阳不走。果然到了出生之地夹马营后，他就开始赞叹洛阳的山川形势，继而想长久留下。群臣虽有满腹的话、满腔的不情愿，但慑于他的威严都缄默不语。铁骑左右厢都指挥使李怀忠很勇敢，说：东京有便利的漕运，每年从江淮运来成千上万的粮饷，京师数十万军队靠的就是这了。在洛阳这个问题如何解决呢？但他没有说服顽固的皇帝。这时赵匡胤的弟弟晋王赵光义也出来反对。太祖耐心地解释：迁都洛阳并非长久之计，最终目的是要迁到长安，长安具有优越的地理位置，可以据山河之胜裁撤冗兵。晋王则认为仁德是治国之本，只要大家齐心协力，何必依靠险要的地势呢！拗不过众人的反对，太祖无奈地放弃了迁都的主张。

实在说起来，宋太祖没有把国都迁到洛阳或长安，也有不得已的苦处。宋太祖深知唐末五代以来分裂割据的病根，那就是藩镇握有重兵，形成外重内轻的局面，一切扰乱不安的现象都由此而起。为了大宋王朝

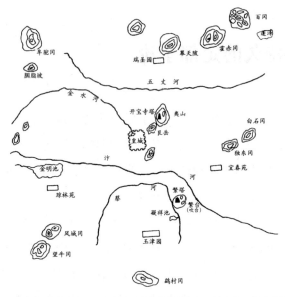

北宋东京附近地形复原想象图（据程遂营《唐宋开封生态环境研究》）

的江山，他必须把二百年的颓风一手挽过来。凭借山河之险必然造成兵力分散。五代兵乱，近在眼前；藩镇割据，前车可鉴。必须把兵权收归中央。这就意味着得断了迁都长安、洛阳这两座山河险固的古城的念想。关键性的问题是如何使没有地理优势的开封变得安全。经过他的努力，一支数量庞大、堪称精悍的禁军屯驻京师，充任了赵氏皇族的保镖。

举天下之兵大半宿于京师，二百年的颓风虽挽救过来，但紧接着的问题就来了。几十万禁卫军所需的军粮、政府官吏的俸给和国都众多民众的日用必需，是一笔巨大的消耗。开封有运河可以利用，洛阳和长安这时却依靠什么呢？

其实，赵光义以"在德不在险"反对迁都，不过是冠冕堂皇的借口，他当了十年开封府尹，他的心腹党羽都在开封，因此对迁都的反应是强烈的。或许他看中的也是东京便利的漕运，毕竟便利的漕运太具诱惑力了。唐、五代以来，汴州形成水陆交通枢纽，后周时已经将蔡河、五丈

118

河与汴水沟通起来，交通更为便利，地位更加重要。江南财赋运到开封则可，运到洛阳和长安则难。如果没有这数百万石粮食，不论长安、洛阳，还是开封，数十万军队及一部分市民就没法过活。早在唐代，由于运输困难，有的年份粮食接济不上，皇帝不得不率百官、军队可怜兮兮地跑到洛阳去吃上几天饱饭。

国都已定，问题似乎已经解决，但争论还远远没有结束，尤其是当对辽、夏、金关系紧张时，士大夫就开始针对建都、迁都展开争论。似乎定都开封成了他们心中永远的隐痛。

1001 年，赵匡胤开创的大宋王朝进入了第 40 个年头。中国历史踏上了步履沉重的另一个千年。可是新千年并没有带来好运。是年七月，边关传来警报，雄踞北方的契丹人正酝酿一次新的南侵；八月，西北重镇清远军遭到党项人围攻。对于刚刚登上御座的宋真宗及其臣僚来说，这是一个不祥之兆。果然，三年后，在黄河岸边的澶州，宋真宗与辽圣宗进行了一场面对面的较量。具体情况是真宗景德元年（1004）闰九月，辽圣宗及其母萧太后率大军攻宋，直打到澶州城下，来势凶猛，北方诸州县纷纷告急，消息传来，朝野哗然。在宰相寇准力劝之下，真宗亲征，经过一番周旋，与辽订立了澶渊之盟，用金钱换来了暂时的和平，这场危机才算过去。这次事件已经暴露出建都开封的一些不利因素，但危机已过，宋廷马上就乐而忘忧了。

仁宗年间，范仲淹论及迁都之事，告诉士大夫们不要再做迁都洛阳的美梦了，洛阳沉寂了这么多年，可谓"空虚日久"，现在是和平年代，还是安安心心在开封过着吧。也许是狡兔三窟的心理在作祟，他又说洛阳完全可以作为战时的首都，一旦发生战争，住在洛阳多好，所以应该对洛阳进行修缮并储备物资。范仲淹所说很切实际。但是当时宰相吕夷简执政，仁宗问夷简，夷简与范仲淹有矛盾，就斥责其为"迂阔"之论，请求仁宗不予理睬，迁洛之议便被束之高阁。

后来宋与西夏关系紧张，鉴于汴京所面临的危险处境，庆历四年

（1044），韩琦和范仲淹又提出加强开封防守、营建洛阳的主张，再次遭到反对。之后，大宋用金钱换来了西夏的臣服，辽也没有捣乱，危机基本过去，宋廷又高枕无忧了。

开封处于黄河中下游平原，周围一马平川，平壤千里，无名山大川之限，为四方争战之地。从城市设防角度看，先天不足，在中国古代以陆地战为主要作战方式的条件下，明显具有易于受敌的弱点。虽然在经济上是一个繁荣的都会，但漠漠平原毫无险要可守，原不是理想的国都所在。赵宋都城重大的缺陷使宋人不断对神圣帝都发生怀疑，却又无法舍弃，宋人对这个问题进行的十分典型的争论就延续了七八十年，这还不算后世各代学者、政治家的评论与反思，真可谓旷日持久！

（樊莉娜撰文）

东都三带：规模庞大的水运网络

许多事情都会带来"成也萧何，败也萧何"的遗憾。与东京休戚相关的运河同样如此，它赋予东京繁华的同时，也使北宋君臣忧虑重重，疲惫不堪。但不可否认，运河对于东京来说弥足珍贵。

据史载，在宋太祖统一全国的过程中，割据两浙的钱俶为了讨好宋廷，向宋称臣纳贡，谋求偏安。有一次他为了表示臣服，亲自到东京奉献给宋太祖一条珍贵的玉犀之带，太祖看后，风趣地说："朕有三带，与此不同。"钱俶不明其意，请太祖明示，太祖大笑："汴河一条，惠民河（与蔡河实为一条运河）一条，五丈河（开宝六年三月改为广济河）一条（当时金水河归属于五丈河）。"太祖视运河如腰之玉带，不仅显示了恢宏大度的帝王之气，也说明城内四河对北宋王朝的重要性。以漕运而言，汴河、惠民河、广济河尤为重要，被称为"东都三带"。

开封虽然是北方的平原城市，陆路交通十分方便，在宋代它却是一个以水路交通为主的城市。华北平原的河流，在开封附近呈南北分流，近郊河流湖泊四布。汴河、蔡河、五丈河、金水河等形成一个庞大的水网，东京俨然一座水上城市，全国水路交通的一个巨大枢纽。在蜿蜒迂回的四条人工运河上，"舳舻相连，千里不绝"，源源不断地把吴粳楚稻、齐粟鲁谷、西山薪炭输入东京。漕运的蓬勃发展，给东京带来了勃勃生机，就连宋太祖也为此而自豪。

宋代的汴河，就是隋炀帝所开的通济渠，它在唐代已经发挥了南北交通的干道作用。唐末、五代之际，由于战争频繁，汴河年久失修，时断时续，交通困难，至后周又开始通航。北宋时，汴河从东京外城东南角东水门入城，向西北行，经相国寺桥、州桥一直西行，由外城西面西水门出城。它是东南地区漕运和日用物资运输进京的主要交通线，与东京城的发展有着极为密切的关系，宋王朝由汴河"岁漕江、淮、湖、浙米数百万，及至东南之产，百物众宝，不可胜计。又下西山之薪炭，以输京师之粟，以振河北之急，内外仰给焉"。可以说，汴河是北宋王朝的生命线。

除漕运这一主要功能外，汴河在东京城排水以及东京附近农田灌溉等方面也发挥着不小的作用。因而北宋政府对汴河的修治、管理都非常重视，并设有专门机构和官吏来负责。

由于汴河水源大都来自黄河，黄河泥沙大量带入沉淀，河道淤积严重，清淤便成为北宋统治者最关心的问题。神宗元丰以前，曾采用人工清挖和束水攻沙的办法加以解决。为了方便疏治，让后人知道开挖多深才合适，曾在河底埋有石板石人以记其地理，每次疏浚以出露石板石人为标准。北宋初年，规定汴河一年一浚，后来改为三年一浚，然而时间一长，疏浚工作逐渐松弛，曾有二十年不浚，岁岁堙淀。到后来甚至河底皆高出堤外平地一丈二尺余。自汴堤下瞰民居，如在深谷。

为保证汴河有稳定而又充足的水源，宋政府每年春都要调动大批民力，开挖汴口。所谓汴口，即引黄入汴的河口。因黄河变化无常，汴口

随之变易不定。黄河滚动之后，汴口往往在黄河淤积的河滩上开挖，土质松软，施工困难重重。宋政府每在选口时，都有好几个方案，力求选择最佳地点，以便控制汴口一定流量，保证汴河水的均衡。这项工程，在北宋中期以前，年年进行，大体都是开春之际，要将汴口修好。北宋中期，至神宗时，王安石变法，力图选择一个永久性的汴口，但没有成功。因黄水入汴过猛而导致汴水冲垮大堤的事件，在北宋屡见不鲜，特别是北宋初期和中期，这类记载更多。汴水泛滥冲垮堤防，淹没民田，毁坏房屋，不仅使各方面受到损失，也使漕粮运输受到影响。

引黄济汴泥沙淤积河身的问题，终没有彻底解决，同时又消耗了大量人力、物力、财力。于是人们又采取对泛滥的河水进行拒堵的方法，改引含沙量小得多的伊水和洛水作为汴河的水源。拒黄引洛，导洛入汴，又称清汴，就是引伊、洛河清水入汴河。这项工程自元丰二年（1079）三月动工，六月完成，使汴河水深一丈，波流平缓，大大提高了汴河的运输能力。

广济河原名五丈河，因其阔五丈得名。广济河从外城东面新曹门北东北水门入城，在唐代已经开始漕运，唐末淤塞。宋太祖建隆二年（961）二月，"浚五丈渠"，"以通东方之漕"。北宋开宝六年（973）三月，五丈河改名广济河。因为广济河直通京东富庶地带，北宋政府对此河尤为注意，一方面不断疏浚河身，每年春初时节便征调民夫进行疏导，以便漕船来往；一方面努力为其寻找合适的水源。解决水源问题对五丈河更为重要。先是"夹汴水造斗门，引京、索、蔡河水通城濠入斗门，俾架流汴水之上，东进于五丈河"。这是一项很先进的水利工程措施，即采用渡槽的形式，绕开混浊的汴河水，将京西京、索、蔡诸河水跨越汴河引入五丈河。后来因一些具体原因曾多次引汴河水入五丈河，后果非常严重，因汴河泥沙带入五丈河，使五丈河湮塞不利，到哲宗时，不得不再以京、索河为源。

蔡河的重要性仅次于汴河。蔡河在历史文献中又称惠民河，两个名

《清明上河图》中繁忙的汴河

字经常互用，实际上是一条运河，上游称惠民河，下游称蔡河。蔡河之名在北魏郦道元的《水经注》中已有记载，是开封西北向南的一条水路通道，从陈州、蔡州经尉氏北流到东京，从南面戴楼门东的广利水门进城，向东北行，环绕外城南部中央，经龙津桥向东南行，由陈州门西的普济水门出城。蔡河主要将陈、颍、许、蔡、光、寿等州的粮食运往京师，虽然所运粮食无论从质和量上都不如汴河，但它沟通东南达于长江，又把东京西南州县交通联络起来，其航运价值并不低于汴河。而且，东京城内的积水也往往由蔡河排出，蔡河又起了为首都泄水的作用。

上述三条运河之外，黄河和金水河也是东京重要的河流。北宋建都汴京，政治的中心也由西往东移，就漕运而言，对黄河的依赖远不如宋以前的王朝，但它仍是一条十分重要的通道，宋人为治理这条通道花费了大量的人力和财力，曾专门设置疏浚黄河司进行治理。虽然终宋之世，黄河之患无宁岁，但仍然取得不少成就。黄河与汴河不同，流量大，行程长，流经的地方多是黄土地带，因而除了采用传统的疏导、拦塞等手段，还采取了一些别的治理方法。宋人就地取材，利用各种薪柴竹石之类，以竹石为骨架，用黄土填塞，放置于河岸的内侧，以加强河堤的稳固性，宋人称之为"埽岸"。黄河流域水土流失严重，宋人注意到了植树对保持水土的作用，又采取在堤上种树来加固堤防的办法。开宝年间（968—976），宋太祖规定：凡沿黄、汴、清、御等河州县民户，除按以前要求种植桑、枣外，每户还必须种植柳树及其他适宜树种。根据户力高低，分五等。第一等种五十株，第二等种四十株，第三等种三十株，第四等二十株，如果人户自欲广种者听之。

金水河又名天源河，其源为荥阳黄堆山之祝龙泉。建隆二年春，赵匡胤命陈承召率水工凿渠，引郑州西北的京水、索水过中牟到京师，从西北水门入城，名曰金水河，抵都城后，东汇于五丈河，原为解决五丈河水源而开。太祖乾德三年（965），引金水河"贯皇城，历后苑，内庭池沼"。金水河的功能转变为首先保证皇宫、官府、寺院用水。太平兴国三年（978）二月，京城西郊新凿池成，引金水河注入，"名池曰金明"。真宗大中祥符二年（1009）九月，金水河的功能进一步扩大，成为城内官民两用的重要河道。

在四条运河中，汴河是漕运量最大、范围最广的河流；蔡河在漕运上的作用仅次于汴河，是东京至关重要的一条河流；五丈河对于东京漕运也有很大意义；金水河原为解决五丈河水源而开，但从开挖、利用的全过程来看，除作为五丈河上源协助漕运外，其本身的主要功能，用于交通水利者少，而用于水磨、宫廷、苑囿及官民饮用水的功能颇大。只是由于其本身水量有限，不能使五丈河通漕及城内用水并举，因此，宋政府顾此失彼的状况至北宋末也未能改变。除此之外，还有黄河运道，仅指由汴口至潼关的一段，并不是黄河的全流。与其他四条水道不同，黄河是一条自然水道。关中漕粮顺流而下直至东京，但数量不多，后来西夏用兵，关中的粮食也都留供军用，不再运到开封来了。

以东京为中心的漕运网，将全国各地的贡赋转输中央，为东京的繁荣做出了极大贡献。但宋廷也深受其害。运河的淤塞、决堤等各种问题不时困扰，终宋一代，北宋政府努力维持各条运河的畅通，想方设法治理河道，为此耗费了巨大的人力、物力、财力。

淳化二年（991）六月，汴河决堤，太宗着急万分，出乾元门视察，亲自指挥堵口，百官劝阻。太宗说：东京聚集着数十万的军队，百余万人口，运粮运赋全靠这一渠水，我能不顾吗！此刻，太宗的一举一动皆发自肺腑。结果陷入泥坑，皇帝百官皆泥泞粘衣，狼狈不堪，直到水势稳定方才松了一口气。曾被太祖誉为"玉带"的汴河，决溢的记载不绝于史，而宋廷也一直未能解除汴河水害对京师的威胁。嘉祐年间（1056—1063），大水侵入京城，甚至让枢密使狄青把家搬到了相国寺。

（樊莉娜撰文）

重重城墙拱卫的东京城

开封地处豫东平原，旷野千里，无山川之险，为四战之地，"燕蓟以南，平壤千里，无名山大川之阻"。从城市设防角度看，先天不足，在中国古代以陆地战为主要作战方式的条件下，明显具有易于受敌的弱点。尤其是北方的劲敌辽国以骑兵作战为主，其一旦举兵南下，都城东京很容易暴露在强敌面前。基于此，北宋一代，除在开封周围驻扎重兵防卫外，十分重视东京城的营建。

北宋东京城的最外围是外城，又称新城、罗城，宋初也称郭城，始建于后周世宗显德三年（956）。这是一座按照新的规划而设计建筑的城。为了保持城市外围地面的整洁，并留有一定的发展余地，城外七里不准埋葬和设置窑灶等。北宋对外城曾屡次增修，把它作为京城的主要屏障。据南宋名将岳飞之孙岳珂所著《桯史》记载，开宝年间，宋太祖下令修城，负责施工的赵中令上奏城图，取形方直，坊市经纬其间，井井绳列，太祖看后大怒，亲自拿笔涂去，画出"纡曲纵斜"的御图，下令照此施工。当时人们对如此弯弯曲曲的城墙大惑不解，觉得有失美观，以为是太祖心血来潮之作。其后历代增缮京城时也囿于祖制，不敢更改。直至北宋政和年间，蔡京擅权，把城墙改为"方之如矩"的长方形，"墉堞楼橹"，美观如仪，但尽失原来坚固朴素之气势。到靖康年间，金兵攻城，金将粘罕、斡离不扬鞭城下，看过开封城后得意地夸口此城易破，于是"植（置）炮四隅，随方而击之，城既引直，一炮所望，一壁皆不可立"，金人很容易地轰倒四边城墙，攻下外城。这时人们才对宋太祖防患于未然的远大眼光佩服不已。也有记载称外城状如卧牛，俗称卧牛城。从城西南十里的望牛冈观之，卧牛之形状尤为明显。

岳珂的这些记载大多是传闻，其实赵匡胤当时对外城仅仅只是增

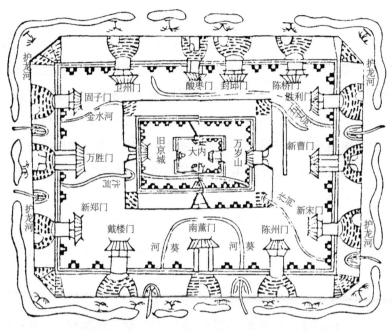

北宋开封外城示意图

修了一下，对周世宗时所修的外城没有大动，也没有另建弯弯曲曲的外城。而且徽宗时也没有"一撤而方之如矩"。真宗、仁宗时，增修外城的记载，不绝于史。神宗一代，在修筑开封城池上花的功夫最大，消耗的人力、物力也最多。特别是熙宁八年（1075）进行了一次大规模的修整工作。这次工役的总指挥，是神宗亲信宦官宋用臣。这次工役整整三年时间，直到元丰元年（1078）十月完工。与周世宗时代相比，这次修筑，外城"坚若埏埴，直若引绳"，周长增加了不足二里，主要是加高、加厚了城墙，其上的守战设施也全部齐备了，提高了防御能力。徽宗时曾下诏"度国之南展筑京城"，但这次展筑是否实施，

127

史无明文。根据考古探测，东京外城东墙长 7660 米，西墙长 7590 米，南墙长 6990 米，北墙长 6940 米，都是直线，整体呈南北稍长、东西略短的长方形，并非卧牛状。

东京里城也称阙城，因早于新城，又称旧城，即唐代汴州城。唐德宗建中二年（781），宣武军节度使李勉筑，周长 20 里 155 步。后周广顺二年（952）正月，郭威下诏修罗城，即当时的外城，就是指此城，因新的外城尚未修筑。宋时屡有增筑和贴筑。里城有护城壕，但是否已经形成一个完整的环形城壕，从文献中尚无法证明。由于里城在军事防御方面的作用减少，其城壕不为当时所重。北宋末年，政府决定兴修里城墙、城壕及城门，但此时由于宋金战争迫近，修整旧城不过是纸上谈兵，已经不可能实施。

对于北宋东京城的整体布局，一般认为，东京城分为三重，即外城、里城和宫城（又称皇城），也就是说皇城、宫城实为一城，只是称谓不同。由于文献记载的模糊，另有一些学者认为北宋皇、宫两城有明确的区分，并且体现在北宋有关的法律条文中。如《宋刑统》就规定了严格的北宋东京城门开启制度，违犯者根据城门地位的高低，处罚有差：其皇城门减宫城门一等，京城门又减皇城门一等，"诸于宫城门外若皇城门守卫，以非应守卫人冒名自代及代之者，各徒一年"。这样，北宋宫城之外有皇城环卫，则皇城、宫城并非一城，东京由外城、里城、皇城、宫城四重城构成。

另外，开封宋城考古队在今龙亭湖一带曾探测出一道宋城城墙基址。其东墙位于今东华门西侧；西墙北起电视塔，向南经杨家湖到麻刀厂门前；南墙位于今午朝

后梁建昌宫

门处的东西一线；北墙位于今龙亭大殿后墙的东西一线。实测周长为2500米，大约相当于北宋五里。有学者称其为北宋皇城（或宫城），也有认为这道古城墙应为文献所载的"周回五里"的宫城。

北宋东京皇宫原是唐汴州宣武军节度使衙署，后梁建都开封后，改为建昌宫，后唐又改为宣武军衙署，后晋为大宁宫。后周世宗加以修缮，但仍无王者气势。北宋建立后，赵匡胤痛感皇宫规模狭小，建隆三年（962）下诏仿照洛阳宫阙进行扩建。据说宋太祖在动工之前，曾下令"凡诸门与殿，须相望，无得辄差"，竣工后，召集百臣入观，太祖命人把所有殿门打开，自己坐于福宁大殿正中，向北望去一直可以看到皇宫的后苑，谕曰："我心端直正如此，有少偏曲处，汝曹必见之矣。"以直门喻直心，告诉臣僚这象征着他心中没有丝毫隐曲。这次扩建，到开宝元年（968）才完成，自此，"皇城始壮丽矣"。以后各代屡次修葺，是北宋最高统治者生活和进行政治活动的主要场所。

东京城是在一个旧城的基础上，经过历代多次改造而逐步发展起来的。里城在外城的中央，皇宫又在里城的中央而略偏西北，这与唐代长安宫城设在外郭城的北部正中不同。重重城墙使东京城高池深，是一座堡垒化、军事化的城池。

开封位于黄河冲积大平原的西部边缘，处于华北平原与黄淮平原的交接地带。北宋以前，黄河对开封尚不构成威胁，然而，到了金代明昌年间，随着黄河的改道，紧靠黄河的开封从此不断受到它的侵袭。据有关统计，从金大定二十年（1180）到1944年，前后764年，黄河共决溢338次，开封被淹有七八次之多。特别是明末崇祯年间和清道光年间的两次特大水患，黄水带来的泥沙把这座曾经辉煌无限的城市尽淤地下，所有建筑都不复存在，城墙只露出水面，四城周围地貌完全改变，河流全被淤没，千里沃土，变成无边盐碱之地，正是所谓"黄沙白草，一望丘墟"。

（樊莉娜撰文）

迷雾重重：《清明上河图》

宋代翰林画师张择端的神品名作《清明上河图》，是我国绘画史上的无价之宝。它不仅是我国绘画艺术的瑰宝，即使在世界画史中也难有与之匹敌者。《清明上河图》采用横向全景式构图，艺术手法十分高超，将纷繁复杂的场景处理得有条不紊，严密紧凑。画笔精细严谨，色彩清淡典雅，人物生动传神，器物细致逼真。这幅画具有高度的艺术和历史价值，逐渐形成了"清明上河学"，专门研究这幅画。然而，这幅鼎鼎大名的作品无论从画名、画中描绘的城市、景色，以及主题等都引起了广泛而深入的争论。

张择端的身世，史籍缺乏记载，金人张著曾在《清明上河图》题跋中简略谈及："翰林张择端，字正道，东武（今山东诸城）人也。幼读书，游学于京师，后习绘事，本工其界画，尤嗜于舟车市桥郭径，别成家数也。"后人只能据此略知大概。张著的跋文写于金世宗大定二十六年（1186），距离北宋灭亡整整60年。张择端的姓名并未见于北宋后期成书的《宣和画谱》，有人推测说，可能他进入画院（翰林图画院的简称，宋太宗雍熙元年即984年正式设立）时间较晚，编著者还来不及将其收编书中。

《清明上河图》中有一百多棵大小不等的树木，分布于村舍、汴河两岸、街道两旁及其他地方，与其他画面非常协调，为图增色添彩。其中最突出的是柳树，主要绘在汴河两岸。柳树之外，还有其他杂树。有两口井，一在菜园中，圆口，有辘轳，主要用于浇地；另一在闹市区赵太丞医铺旁，井口呈田字形石框架。繁忙的汴河码头人烟稠密，粮船云集，有在茶馆休息的，有在看相算命的，有在饭铺进餐的。河里船只往来，首尾相接，或纤夫牵拉，或船夫摇橹，有的满载货物，逆流而上，

《清明上河图》之虹桥段

有的靠岸停泊，正紧张地卸货。横跨汴河上的是一座规模宏大的木质拱桥，它结构精巧，形式优美，宛如飞虹，故名虹桥。有一艘大船正待过桥，船夫们有用竹竿撑的，有用长竿钩住桥梁的，有用麻绳挽住船的，还有几人忙着放下桅杆，以便船只通过。邻船的人也在指指点点像在大声吆喝着什么。船里船外都在为此船过桥而忙碌着。这里是名闻遐迩的虹桥码头区，车水马龙，熙熙攘攘。以巍峨壮观的城楼为中心，两边的屋宇鳞次栉比，有茶坊、酒肆、脚店、肉铺、庙宇、公廨等。商店中有绫罗绸缎、珠宝香料、香火纸马等的专门经营，此外尚有医药门诊、大车修理、看相算命、修面整容，各行各业，应有尽有。街市行人，摩肩接踵，川流不息，商贾、士绅、骑马的官吏、小贩、身负背篓的行脚僧人、酒楼中狂饮的豪门子弟、行乞的残疾老人，男女老幼，士农工商，三教九流，无所不备。交通工具有轿子、骆驼、牛马车、人力车，有太平车、平头车、大小船只二十多艘，形形色色，样样俱全。城门楼外一个十字路口北端的沿河柳荫下的一群猪，能够辨清的有五六头，正从柳荫下往大街上走，猪嘴近地作觅食状……

　　图画展现了汴京郊外的菜园风光、北宋帝国生命线汴河繁忙的交

通运输、街头买卖交易的盛况、沿街房屋的建筑特征、船夫们的紧张劳作、士大夫们的悠闲、雄伟热闹的虹桥、壮丽的城楼，以及车子、轿子、骆驼、船等，惟妙惟肖。打开图画，"汴京富丽天下无"的景况浮现在眼前，正是："恍然如入汴京，置身流水游龙间，但少尘土扑面耳。"

一般认为《清明上河图》是以北宋东京为描绘对象的，是用现实主义手法创作的长卷风俗画，通过对市井生活的细致描绘，生动地再现了北宋汴京承平时期的繁荣景象。画卷真实、全面、细致地描绘了北宋都市生活的各个方面，其内容不但可以与宋代文献相印证，而且提供了许多文字无法描述的形象资料，因而对了解和研究当时的经济、文化、建筑、交通、服饰、民间习俗等，具有重要的价值。《清明上河图》与孟元老的《东京梦华录》珠联璧合，解决了许多历史疑难问题。图中所绘的地点说法不一，大体都认为是城东南部沿汴河地区。但有学者认为描绘的不是东京，也不是宋代的大城市，而是宋代农村的临河集镇。

据说《清明上河图》原无画名，"清明上河图"之称最早出现在金

《清明上河图》之热闹的街市

代张著的题跋中。其中"清明"一词的含义，学术界也颇有争议。明代李东阳的题跋把"清明"解释成清明节。近现代学者也沿袭了这一说法，多认为图中描绘的是汴京城郊人们在清明节所进行的扫墓、踏青、探亲等种种活动。

另外，有人根据画面上的景物——驮着木炭的驴队，农家短篱内长着像茄子一类的作物，光着膀子、拿着扇子的人物，光着上身在街头嬉戏的儿童，岸边、桥上几处摊子上放着切好的西瓜……认为凡此种种，都不可能是清明节应有的现象，从画面分析，似乎理解为中秋节前后的景象更为合理。也有学者认为清明是指汴京城中的清明坊。

继张著之后时间较早的跋文是金代的张公药所作。他的《清明上河图》诗跋称：

通衢车马正喧阗，
只是宣和第几年。
当日翰林呈画本，
升平风物正堪传。
水门东去接隋渠，
井邑鱼鳞比不如。
老氏从来戒盈满，
故知今日变丘墟。
楚柁吴樯万里舡，
桥南桥北好风烟。
唤回一饷繁华梦，
箫鼓楼台若个边。

有人根据诗中的"箫鼓楼台""井邑鱼鳞""通衢车马"等认为《清明上河图》的景观是"十里笙歌"的升平风物，而反映的情感则是"繁

华梦断"的宣和（宋徽宗年号）遗恨，是一幅政治怀旧杰作。这些都与清明节毫无关系。《诗经·大雅·大明》有"肆伐大商，会朝清明"之句，因此"清明"既不是节令，也不是地名，而是古代用以称颂"太平盛世"的代名词。

实际上，从《清明上河图》所反映的内容来判断，既有春天气息，又有夏天景象，既有秋天景色，又有冬季特征，可谓似春非春、似夏非夏、似秋非秋、似冬非冬，整幅画不能归结于一个具体的季节，而是一幅四季混杂、无季节之分的风俗画。

对"上河"一词也有不同解释。一种观点认为是习惯用语，如东京西郊金明池每年三月至四月八日开放，人们去金明池游玩，称为"上池"。"上河"之"上"也为动词，是到河上去的意思。还有一种把上河解释为上方之河，是御河之类。

《清明上河图》成为我国绘画艺术的瑰宝，不仅仅在于其艺术手法的高超，还在于它给后人留下了许多至今都无法解开的谜。

（樊莉娜撰文）

城摞城奇观的形成

北宋东京是当时世界上最繁华最发达的城市。张择端的《清明上河图》向人们展现了一个多姿多彩的繁华京都：雄壮的城门、宽敞的街道，以及驾车乘轿的忙碌的市民……一个化名孟元老的东京贵戚子弟，流落到杭州以后，怀着沉痛的心情，写了一部《东京梦华录》，将旧都的风貌民俗一一记录在册。打开这部书，人们犹如徜徉在宽阔的御路上，那巍峨的皇城、林立的店铺、喧闹的瓦肆，以及那宛如飞虹般的石桥，仿佛就近在咫尺。

雄伟繁华的东京城，犹如流星一般，在十二世纪二十年代发出它最灿烂的光芒的同时随着北宋王朝的灭亡而陨落了。43 年后，南宋信使、诗人范成大途经故都，看到的已是"梳行讹杂马行残，药市萧骚土市寒"了；再后来，这座中世纪第一都市便从地面消失了，它去了哪里？

开封龙亭东湖下的明周王府遗址

　　二十世纪八十年代初，考古工作者在寻找北宋东京的过程中，意外地发现了很多上下叠压在一起的城址。经过 20 年的考古发掘，在古都开封地下 3 ～ 11 米处，发现上下叠压着的 6 座城池，从下至上依次是：魏都大梁城、唐汴州城、北宋东京城、金汴京城、明开封城和清开封城。这些城池基本处于同一区域，魏都大梁城在今地面下 10 余米深，唐汴州城距地面 10 米左右，北宋东京城约 8 米深，金汴京城约 6 米深，明开封城约 5 ～ 6 米深，清开封城约 3 米深，其中城市规模最为庞大的，是一千年前"富丽甲天下"的国际大都会北宋都城东京城。层层叠压的古代城池形成了开封"城摞城"的奇特景观。考古勘探还发现了很多"墙摞墙""路摞路""门摞门""马道摞马道"的奇特现象。繁华的中山路是开封旧城的中轴线，其地下 8 米处是北宋东京城南北中轴线上的一条通衢大道——御街，中山路和御街之间，分别叠压着明代和清代的路面，这种"路摞路"的景观意味着，从古代都城到现代的城市，层层叠加起来的数座开封城，南北中轴线没有变动。

　　回顾历史，开封城市的沧桑巨变、"城摞城"奇观的形成与黄河水患有很大的关系。被誉为中华民族摇篮的黄河是世界上最复杂、最难治理的河流。它是世界上含沙量最大的河流，每年从黄土高原带走 16 亿吨的黄沙，其中有 4 亿吨泥沙沉积在水库和下游河道中，下游河床由此

开封城墙城摞城遗址建设方案效果图

以平均每年 10 厘米的速度抬升。两千多年来，由于泥沙的淤积、河床的升高，黄河平均"三年两决口，百年一改道"，给沿岸民众带来了深重灾难。

历来黄河水患下游最为严重，而几乎每次泛滥都会殃及开封。然而北宋以前，黄河流经河南北部，从浚县、汲县一带经濮阳、大名等地，由天津附近入海，距离开封数百里，虽不断决溢泛滥，对开封并无直接影响。南宋建炎二年（1128），宋东京留守杜充为阻挡金人铁骑南下，在滑县决黄河，黄河改经滑县、濮阳以南，再经巨野、嘉祥一带汇泗入淮。从此黄河经常南泛，在以后数十年间，黄河或决或塞，迁徙不定，逐渐向开封靠近。

金明昌五年（1194），黄河在阳武光禄村（今河南原阳县境）决口，东经延津、封丘、长垣、东明（今河南兰考）至徐州以南入淮，此后，黄河开始严重威胁开封城市的安全。据统计，开封城先后于元太宗六年（1234），明洪武二十年（1387）、建文元年（1399）、永乐八年（1410）、天顺五年（1461）、崇祯十五年（1642），清道光二十一年（1841）七次被淹，其中崇祯十五年和道光二十一年的两次特大水患，更使开封城遭到了灭顶之灾。

崇祯十四年（1641）二月至次年九月，李自成农民起义军三次攻打开封。十五年九月十五日深夜，守城官军乘黄河涨水，在朱家寨和马家口同时决口，想水淹义军，以解城围。顿时，河水汹涌澎湃，穿城而过，开封城内水深数丈，街市房舍尽被淹没。城内原有近38万人，大水过后，只剩3万余人。这是开封自战国魏以来第二次遭遇灭顶之灾。开封昔日的繁华与30余万尸骨一起被厚厚的淤泥深埋于地下了。

道光二十一年六月二十七日，黄河又一次在开封附近的张家湾（今开封郊区张湾村）决口，洪水向东南奔腾而下，很快从城墙、城门渗入开封城。加上连日大雨，开封城中惨不忍睹。官民全力守城，道光皇帝还专门派因禁烟被革职、遣送伊犁途中的林则徐来开封率众堵决口。次年二月，水退，而此时开封城已被黄水围困八个月之久。

开封属于黄河中下游地区，黄河穿过黄土高原进入广阔的华北平原后，地势平坦，流速降低，从中游带来的泥沙，至此大量沉积下来，而在开封境内尤为明显。这样日积月累，开封河段逐渐成为举世闻名的"悬河"。清代史书中就有开封"城在釜底，仰视黄流，其地最称可患"的记载。

在历史的长河中，由于各种原因，很多朝代都有抛开旧都，另选新址营建新都的传统。秦都咸阳城，汉、唐长安城，汉、魏洛阳城，隋、唐东都洛阳城以及金中都、元大都和明、清北京城莫不如此。古都开封，虽历经沧桑，但基本上都是在旧址上屡毁屡建，从战国时期的魏都大梁城开始，此后两千二百多年间，在这块土地上又建起了唐汴州城、北宋东京城、金汴京城、明开封城和清开封城。战乱和河水泥沙一次次将这些城池掩埋，但城池又一次次在原址上重建，掩埋在泥沙深处的座座古城，就这样"叠罗汉"般叠加起来，形成了开封"城摞城"的奇特景观。

（樊莉娜撰文）

六 甲骨故里，殷商故都

——古都安阳

商都屡迁之谜

商朝是我国三个奴隶制王朝之一。学术界称商朝建立之前的历史为先商时期，商朝的建立者汤之前的先辈为商先公。商族与夏族有着同样悠久的历史，商部族的始祖契和夏禹是同时代的人，从契到汤共十四代，与夏禹到桀也是十四代，基本对应。但是当夏族建立起君权制国家时，商族还处于氏族公社阶段，只是夏王朝的一个附庸，商先公是夏的臣属。伴随着血雨腥风，商部族不断壮大，最终走上了与夏王朝分庭抗礼的道路。公元前十七世纪，商部族杰出首领汤率领军队所向披靡，击败夏王朝，建立了商王朝。习惯上称商朝为"殷商"，或直接称"商""殷"。殷、商最初都是地名。盘庚迁都殷（今河南安阳），人们习惯上用国都所在地的名称称呼这个朝代。

东汉张衡在《西京赋》中说"殷人屡迁，前八后五"，描述了其"不常厥邑"的状况。"商都屡迁"作为商朝历史一个显著的现象被学术界广泛研究。但这是一个十分复杂的问题，千百年来一直没有得到圆满解决，反而因为新的观点层出不穷，使这一问题更加扑朔迷离、迷雾重重。

据研究，从契到商汤灭夏，商朝建立之前共经历十四代十四位王，即契、昭明、相土、昌若、曹圉、冥、振、微、报丁、报乙、报丙、主壬、主癸、天乙。根据学者考证，先商时期都邑曾八迁：契自亳迁居蕃（今山东滕州），昭明从蕃迁居砥石（今河北泜河一带），昭明自砥石迁商，相土自商迁蕃，相土从蕃迁商，上甲微迁于殷（今河北南部漳河一带），上甲微自殷迁回商，汤灭夏定都亳。亳具体在何地，争论颇多，有南亳、东亳、西亳等说法。南亳在今商丘谷熟，东亳在今安徽亳州，西亳又分长安杜陵杜亳、河南偃师西亳、郑州商城郑亳等说。不过大多数学者认为，汤都之亳为南亳，即今河南商丘虞城谷熟集。商先公这八迁，地点大多在今河南、山东境内。

从商汤灭夏到帝辛（纣王）亡国，共十七世三十一王，相当于公元前十六世纪至公元前十一世纪，共 600 年左右。这些王的名字在《史记·殷本纪》中均有记载，而且大部分也在甲骨文中得到印证。这期间又有过五次迁徙，即仲丁迁于嚣（一作隞，今河南荥阳东北），历经外壬、河亶甲；河亶甲迁于相（今河南内黄东南，一说今河南安阳西），历祖乙；祖乙迁于邢（一作耿，今山西河津，一说今河南温县东），历祖辛、沃甲、祖丁、南庚；南庚迁于奄（今山东曲阜），历阳甲；到盘庚时最后定都于殷（今河南安阳）。这五迁的范围也在今河南、山东境内，部分涉及山西、河北境内，但总不外黄河南北、距黄河不太远的地方。

迁都是国家政治生活中的一件大事，颇费周折。但是商人为什么要不厌其烦地迁徙都城呢？难道千山万水走过，商人一直没有找到心目中理想的建都之地？或者他们有不得已的苦衷？抑或另有深意？时过境迁，沧海桑田，那个遥远时代留下的谜团如今已很难找到答案，但同时也为后世解读提供了广阔的空间。古今学者对于商都屡迁做出了多种多样的推测和解释。

很多学者试图从自然灾害方面寻找商都屡迁的原因。著名历史学家顾颉刚、王国维等认为，上古时期，黄河流域经常发生水灾，殷人为了躲避水患的威胁，不得不多次迁都。但是从汤至中丁，共六代十一王，至少都亳一百五十年，其间不曾迁都。难道百余年来河水不曾泛滥？另外，从武丁到纣，卜辞多次记载洹水泛滥为害殷都，但殷

人并未因此迁都。而且商朝的几个都城全在黄河两岸，尤其是仲丁由毫迁器和盘庚由奄迁殷，越迁越向河滨，这些现象用"水灾说"是无法解释的。

《史记·殷本纪》中记载："自中（仲）丁以来，废适而更立诸弟子，弟子或争相代立，比九世乱，于是诸侯莫朝。"自仲丁到阳甲九王在位期间，商王朝连年王位纷争，这种连绵不断的政治动乱，大大地削弱了商王朝的统治，导致了贵族势力的膨胀与政治混乱。而值此同时，商都发生了走马灯似的频繁迁徙，短短的五世十王就迁徙了五次。学者黎虎提出：殷都屡迁的时间与"九世之乱"的时间如此契合绝对不是偶然，它们之间存在着因果关系。历史上，由于王位纷争和篡权夺位而引起的迁都不乏其例。至盘庚迁殷之后，王位继承制发生了变化。商王继统法分三个时期：大丁至祖丁是以兄为直系，小乙至康丁以弟为直系，第三期武乙至纣传嫡长子。迁殷后商王继统法以弟为直系并转变为传子。嫡长子继承制确立后，王位纷争逐渐减少，王室内部稳定下来，迁殷后273年没有再迁都。而汤建国前的八次迁都，是商族处于氏族社会向国家过渡阶段的氏族部落的游动迁徙，与商朝建立后的五次迁都具有完全不同的性质。

有的学者将商都屡迁的原因归结为避免奢侈腐化。东汉杜笃在《论都赋》中说："昔盘庚去奢行俭于毫。"东汉经学大师郑玄也说："祖乙居耿，后奢侈逾礼，土地迫近山川，尝圮焉。至阳甲立，盘庚为之臣，乃谋徙居汤旧都。"商王盘庚迁殷时曾指责贪财奢侈的贵族，迁都之后，他告诫官吏，不要只想着为自己积聚财富，应该施惠于民。盘庚是以迁都为契机，对贵族集团进行整顿，对他们的权力、财产加以限制，从而削弱贵族的势力。这就是说，盘庚迁都是为使贵族大臣们离开他们苦心经营的"安乐窝"，限制他们"聚敛"，从而消除他们对王权的离心因素。"去奢行俭"说看到了商都屡迁的某些现象，却未能透过现象，抓住本质。所以，它对商都屡迁原因的解释也缺乏说服力。

　　郭沫若、丁山等提出了"游牧说"。这种观点认为，商代频繁迁都是因为当时仍属迁徙无定的游牧时代，农业尚处于萌芽状态，游牧部族逐水草而居，因而没有固定的都邑，不断迁徙。

　　傅筑夫则指出，"殷代是一个农业社会，其经济发展早已超过渔猎和游牧阶段"，认为商代农业是粗放的原始农业。当一个地方土地的自然力耗尽之后，便需要改换耕地，不得不经常迁徙，无法过定居生活，这种迁徙是"初期农业社会的一个共有现象"，也是殷都屡迁的原因。

　　考古学家邹衡认为殷都屡迁是出于战争的需要，因为"当时选择五都的地点，不能不考虑到作战的方便，就是说，不能不从军事的角度上考虑迁都的问题"。成汤居亳是为了战胜夏王朝及其残余势力，而盘庚迁殷是为了对付北方和西方的强大敌人。

　　王冠英又提出"比九世乱"引起的外敌入侵是殷都屡迁的直接原因。"比九世乱"使商王朝内政出现长期动乱，削弱了它对周围方国诸侯的实际控制能力，一些诸侯方国逐渐摆脱殷的控制，诸侯离散和敌国的入侵，迫使商王不得不屡屡迁都，以控制战略优势，有效地抵御四方侵略，收复失地。

　　美籍华人学者张光直独辟蹊径，提出了一种全新的观点，认为追寻青铜矿源是殷都屡迁的主要原因。青铜器在夏商周三代有着重要的地位，除具有部分实用价值外，通常是用作礼器或祭器，被视为一种政治权力的象征。由于储量稀少的铜、锡矿多集中在以豫北、晋南为中心的华北平原边缘的山地，而王室对青铜的需要量又特别巨大，从而促使他们不断迁徙，不断寻找新的矿源，以满足需要。而"那时在寻求新矿、保护矿源以及保护矿石或提炼出来的铜锡的安全运输上，都城很可能要扮演重要的角色"。商代的都城是"沿山东、河南山地边缘巡逡迁徙，从采矿的角度来说，也可以说是便于采矿，亦便于为采矿而从事的争战"。

另有一部分学者提出"商都屡迁说"值得重新考虑。他们主张分两种情况阐释。一是那些经文献和考古证实确实为都的。夏商时代都城制度的核心是主辅都制。由于地域辽阔、交通不便等原因，夏、商王朝在设立一个主要都城的同时，在其版图内另设立一个或几个辅助性政治、军事中心。主都一般不迁徙或较少迁徙，而辅都则根据政治、军事需要迁徙或重设，这就是说，主都的相对稳定性和辅都的相对屡迁性是夏商时代都城的特点。商代并不存在一都制下的都城"屡迁"现象。二是那些从本质上说根本不能算都的。那些所谓的"都"极可能是商王出于军事或其他目的而选择的临时驻跸地。

关于"商都屡迁"之谜，虽然古今学者提出了许多论点，做出了多种的回答，新论不断，但都没有做出圆满的论证，并且有的观点还存在着一些矛盾和问题，许多讨论根本没有建立在一个平台之上，自说自话，对这一问题的前提缺乏探讨。要揭开"商都屡迁"之谜，还有待广大史学工作者进行全面、深入的研究。

（樊莉娜撰文）

一片甲骨惊天下

甲骨文是汉字的祖先，与古埃及象形文字、古巴比伦楔形文字一起，被公认为世界三大文字，它的发现虽十分偶然，但充满传奇色彩。

1899 年，清国子监祭酒、金石学家王懿荣患了疾病，四处求医，一位老中医给他开了一剂药方，其中有一味药叫"龙骨"。王懿荣派人将药买回，打开药包查看，无意中发现"龙骨"上刻有刀痕，其形似篆非篆，使他大为惊讶，稍加研究，断定这是一种从未发现的古文字。他立即派人再去达仁堂买下全部"龙骨"，后来又到北京其他药铺买了"龙骨"。他对这种文字细为考证，始知为商代卜骨。就这样，使全世界史学界和考古学界为之震惊、埋没三千余年的甲骨文，富有戏剧性地被揭示出来，王懿荣因此成为最早发现甲骨文的人。

王懿荣有一位好友刘鹗，字铁云，即小说《老残游记》的作者，他对收集"龙骨"也感兴趣。1902年，王懿荣的儿子为了还债，把王家一千多片"龙骨"转让给刘鹗。从此，刘鹗广泛收集"龙骨"，积累近五千片。可是，当时古董商人为了垄断"龙骨"市场牟取高利，一直不肯透露"龙骨"产地。1903年，刘鹗将甲骨整理分类，拓印1058片，出版了中国第一部甲骨文著作《铁云藏龟》。此书出版也得到刘鹗的朋友，后来成为刘鹗亲家的罗振玉的帮助。罗振玉是考古学家，也收集甲骨文，经过多年查访，直到1908年才知道甲骨出土地是安阳小屯村。农民把甲骨当药材，谁也没想到他们脚下的这片土地竟是三千多年前殷商王朝的都城。商朝后半期，盘庚迁都至此，到帝辛（纣）止共273年，历史学家称小屯为殷墟，甲骨是殷墟的遗物。

早在学者们接触甲骨的二十多年前，小屯村农民在翻耕土地时就发现了甲骨，但不知道是何物，就当成碎石瓦片扔到地上。据《甲骨琐语》载，小屯村剃头匠李成身长脓疮，无钱医治，拾起地头上的甲骨碾成粉末涂在疮上，想不到马上止血，脓疮不久也治愈了。李成后来就到河边地头捡了一批甲骨，谎称"龙骨"，拿到中药铺出售，当场表演止血试验，药铺老板才以六文钱一斤收购了。李成为此成了贩卖"龙骨"比较有名的人。于是村里人纷纷捡这种"龙骨"卖给药铺。当时药铺规定不要有符号的"龙骨"，因而农民捡到刻有文字的"龙骨"，

殷墟遗址出土的甲骨

就刮去上面的文字再卖。在王懿荣发现甲骨文之前，究竟有多少甲骨被刮去文字，煎煮吃掉的，我们不得而知。在王懿荣发现甲骨文后的几年，古董商们乘机大量收购奇货，引起小屯村的"龙骨热"。人们遍地挖掘，异常繁忙，这期间又有多少甲骨被人为破坏失散，其数量无法估计。

一片殷商甲骨的发现和认定，肯定了一个三千多年前的殷商朝代，这是多么了不起的发现！甲骨文是相当完备的文字，记载当时与占卜有关的祭祀、天象、气候、收成、田猎、征战等内容，因它大多刻在龟甲或兽骨上，因而称为甲骨文。从此，搜集、发掘、研究甲骨文成为一门有世界影响的学问，即甲骨学。1904年，学者孙诒让根据《铁云藏龟》资料，写出了中国研究甲骨文的第一部著作《契文举例》。1908—1910年，罗振玉三次派人前往小屯村搜集甲骨近两万片，精选两千多片编成《殷墟书契前编》，还著有《殷墟书契后编》《殷墟书契考释》等，考释甲骨上文字五百字，为甲骨文研究奠定了基础。最早运用甲骨文研究古代史成就卓著的是近代著名学者、曾任清华研究院导师的王国维，他对商周时代的古史系统作了开创性研究，著有《殷卜辞中所见先公先王考》《续考》。最早以马克思主义观点研究甲骨文的是郭沫若，著有《中国古代社会研究》《甲骨文研究》等。此外，董作宾著有《甲骨文断代研究例》，李济、梁思永、胡厚宣、唐兰等学者，也都进行了卓有成效的研究。巧的是，罗振玉、王国维、郭沫若、董作宾这四个人的号分别为"雪堂""观堂""鼎堂""彦堂"，人称"甲骨四堂"。

甲骨文的发现，也引起国外人士的注意。美国传教士方法敛、英国传教士库寿龄购买了大批甲骨，后转卖给美、英等国的一些大学和图书馆。加拿大人明义士所得甲骨多达五万片，占出土甲骨的三分之一。1924年小屯村人筑墙取土时发现一坑甲骨，全被明义士收去。他精选二千多片，在上海出版《殷墟卜辞》。后来，他把所掠得的部分甲骨运回加拿大。流散在国外的甲骨要数日本最多，约1.2万片。

殷墟遗址出土的龟甲

"九一八"事变后，日寇在殷墟进行了有组织的盗挖活动，把掠得的甲骨运回日本。

中华民族的文化结晶就这样大量流失国外，实在令人惋惜。据研究甲骨学五十多年的学者胡厚宣统计，我国先后出土的甲骨有 15.4 万多片，其中大陆收藏 97600 多片，台湾收藏 30200 多片，香港收藏 89 片；日本、加拿大、英、美等 12 个国家共收藏 26700 多片。如今，全世界研究甲骨文学者 500 多人，发表专著、论文 2000 多种，人们公认甲骨文的单字有 5000 多字，已能认读 1000 多字，剩余的大部分字，目前还难于辨认。随着我国考古学者对甲骨文的不断研究，传说中商王朝的历史成为信史，还使中国文字的历史又向前提早了 1000 年。

巴比伦的楔形文字到公元前四世纪随着波斯王国一起消亡了；埃及的象形文字到公元前五世纪也灭绝了，由于和后来的埃及文字没有传承关系，长期得不到解读。而由甲骨文肇源的中国汉字具有连续性，使用时间长，与后世的文字传承关系十分密切。从文字结构看，甲骨文不仅完全具备后来汉字方块的特点，而且具有一定的规律性，古人总结的汉

甲骨碑林之甲骨碑

字造字的六种方法，即"六书"理论：指事、象形、形声、会意、转注和假借，在甲骨文中都可以找到例证，因此我们说甲骨文是一种具有严密文字规律的文字，是后世方块字的鼻祖。由甲骨文、西周金文，到春秋战国的大篆、小篆，汉魏的隶书及以后的行书、楷书，其嬗变之迹清晰可见，沿用时间之长在世界上是绝无仅有的。

而且中国汉字对周边国家文字的形成也产生了重大影响。据古代文献记载，中国汉字在秦汉间传入越南，汉初传到朝鲜，晋初传到日本，至今在日本语中常用的汉字仍有 1945 个。巴比伦的楔形文字、埃及的象形文字，由于绝迹较早，成为千古之谜，因而对周边国家的影响也就无从谈起。

甲骨文的内容异常丰富，它生动地反映了商代社会生活的各个方面，为我们了解当时的国家制度、社会结构、军事、农业、手工业、商业、交通以及语言文字、书法艺术等提供了第一手的材料，随着甲骨学的进一步发展，它所蕴藏的价值将会更加引人注目。

甲骨文中有关商代科学技术的内容十分丰富，它显示了我们祖先的聪慧和创新精神。商代的天文历法取得了长足的发展，其中，有关日食、月食和星象的记载，是世界上最早的文字记录。从甲骨文中还可以得知，商代农业的发展水平也居当时世界的前列，商人已经种植黍、麦、稻、粟等农作物，而且掌握了从播种、田间管理、收获到贮存等一整套农作物的栽培、管理技术，其中有关植物水分生理学知识的记载，要比古代希腊早一千多年。有关生态环境的保护和利用，甲骨文中有明确的记载。商人已有了初步的气象预测，对河流进行了有组织的治理，都城的布局也考虑到生态环境的影响。商代的医学取得了惊人的成就，商人已对疾病进行了初步的分科，它包括相当于今天的内、外、眼、耳鼻喉、口腔、泌尿、小儿和传染病等科。此外，甲骨文中有世界上最古老的龋齿记录，比埃及、印度和希腊的同类记载要早 700～1000 年。享誉世界的针灸术在甲骨文中也有明确的证据。

不仅如此，甲骨文的发现，也促使了我国近代考古学的诞生和中国古代历史文化的重建。1899 年甲骨文发现后，人们纷纷购买有字甲骨，古董商们从中牟利，安阳小屯村民为了生计也竞相私自挖掘。为了防止甲骨的流失，获得有关甲骨文全面完整的科学资料，1928 年 10 月至 1937 年 6 月，前中央研究院历史语言研究所在安阳殷墟先后进行了 15 次大规模的发掘工作，历时达 10 年之久，不仅发现了大量的甲骨文，确立了安阳殷墟为商代后期都城的地位，而且逐步形成了一套严格的考古发掘方法，奠定了中国田野考古学的基础，标志着中国近代考古学的正式形成。对此，有人认为，由甲骨文的发现而导致的殷墟惊人发现，完全可以与希腊特洛伊遗址的发现相媲美，后者使希腊传说中的人物由神话变成事实，前者则使中国的可信历史提早了一千多年。

（赵天福撰文）

揭开殷商王都的神秘面纱

殷墟是以甲骨文的发现为契机，引起学术界重视并进行发掘的早期王都。甲骨文被发现后，不少人到小屯收购甲骨，引起盗掘之风极盛，使殷墟遗址遭到严重破坏。为了保护殷墟甲骨文免遭破坏，1928年中央研究院历史语言研究所成立，8月派董作宾到安阳小屯调查甲骨出土情况。经过调查，董氏认为甲骨并没有挖完，还有继续发掘的价值。由此，拉开了殷墟发掘的序幕。

1928—1937年，是殷墟考古发掘的初始阶段。从1928年10月到1937年6月，近10年期间，共组织了15次发掘。其中主要的成果有小屯宫殿宗庙区的发掘和西北冈王陵的发掘。小屯是殷墟发掘的最重要的地点，在该地共进行了12次发掘，其主要收获是在小屯北发掘了53座宫殿基址。这些基址分为甲、乙、丙三组，甲组可能是居住建筑，乙组可能是宗庙性建筑，丙组可能是祭坛。1934—1935年，在西北冈进行了3次发掘，发掘工作规模之大，是中国考古史上罕见的。共发掘了带墓道的大墓10座，在大墓周围还有一千多个祭祀坑。西北冈大墓，虽屡遭盗掘，仍出土了不少精美的随葬品，如牛鼎、鹿鼎等大型青铜礼器，一千多件矛、戈、盔等青铜兵器，人和动物形象的大理石圆雕，以及木质仪仗、木鼓、皮盾、雕花骨匕等。

1950—1968年是殷墟考古发掘的恢复与发展期。主要是配合国家基本建设，在殷墟一般保护区内进行发掘工作。

殷墟遗址

1950 年春，中华人民共和国成立不久，便恢复了中断 12 年的殷墟考古工作，中国科学院派郭宝钧主持西北冈王陵区东区武官大墓的发掘。该墓为两条墓道的大墓，虽屡遭盗掘，仍获得各类文物数百件，其中一件虎纹石磬最为精美。该墓埋人牲与殉人共 79 个个体，这一发现，引发了学术界对人殉、人牲的研究，推动了二十世纪五十年代关于中国古代史分期问题的讨论。

1958 年，在苗圃北地的发掘中发现了一处规模较大的铸铜遗址，出土了一万多件陶范、陶模及与铸铜相关的遗迹、遗物，研究表明这里是殷王室控制下的一座以铸造青铜礼器为主的作坊。在大司空村、北辛庄南地，发现了制骨作坊遗址，出土了许多骨料、骨制品和半成品，还有制骨的工具等。

二十世纪二三十年代考古工作重点在小屯、侯家庄、后冈等地，对殷墟只有一个点的概念。五十年代后期安阳考古队提出了探索殷墟范围与布局的课题，在配合基建的过程中，发现了不少新的遗址，对殷墟文化的了解，已经从点到面了。1961 年殷墟被公布为第一批全国重点文物保护单位，划出了重点保护区、一般保护区和殷墟外围区。殷墟的范围大致被确定为 24 平方千米。

1969—1998 年，是殷墟考古发掘的蓬勃发展期。1966 年"文革"开始后，殷墟发掘暂停，1969 年又恢复发掘。这一时期的发掘不仅在一般保护区，还在外围区进行；不仅配合基本建设，还围绕学术问题在重点保护区内进行主动发掘，有不少重大发现。

1973 年，在小屯南地发掘出刻辞甲骨 5335 片，以卜骨占大多数，基本完整的刻辞卜骨上百版，这是继 1936

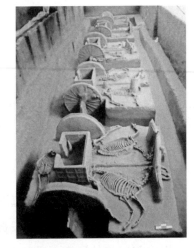

殷墟车马坑

妇好墓出土的象牙杯

年后殷墟甲骨文的第二次重大发现。1991年，在花园庄东地发掘了一个甲骨坑，又出土甲骨1583片，其中刻辞甲骨689片。特别珍贵的是，此坑甲骨以大版的卜甲为主，完整的刻辞卜甲300多版，这是自小屯南地甲骨之后殷墟甲骨文的第三次重大发现。

1976年，在小屯西北地发掘了一座未经盗掘、保存完整的大型长方竖穴墓，墓主妇好是殷王武丁的配偶，该墓出土各类遗物达1928件，是迄今殷墟所见随葬品最丰富的一座墓葬。墓中所出的青铜器460多件，其中青铜礼器210件，在多数铜器上铸有铭文，以妇好铭文为主。该墓还出土了大量精美的玉器、骨器和几件象牙杯。妇好墓是殷墟唯一可与甲骨卜辞相印证、确切断定墓主与墓葬年代的王室墓葬，有极高的学术价值。

二十世纪三十年代在小屯与西北冈已发现过六座车马坑，五六十年代，在孝民屯与大司空村亦发现过四座。从七十年代至1998年间，车马坑发现的数量与地点不断增多，西区、郭家庄、梅园庄、刘家庄北地发现了三十多座车马坑，对研究殷代的车制和车马坑的性质提供了宝贵的资料。

通过这一时期的考古发掘，考古人员对殷墟的范围有了更清楚的了解。二十世纪七十年代以来，考古人员在殷墟外围区南面的戚家庄、郭庄、刘家庄、徐家桥一带进行过多次发掘，发现了许多遗址与墓葬。这样，殷墟文化分布的范围就往南扩展了1千米，即由过去说的南北长4千米变为5千米。至此，殷墟的范围达到30平方千米。

1999年至今，殷墟考古发掘工作全面展开，不断有新的重大发现，呈现空前繁荣的局面。1999年，突然传来一个令所有人都十分惊愕的

殷墟博物苑

消息，在董王度村一带，新发现了一座商代城址，被称为洹北商城。

　　洹北商城平面近方形，方向北偏东 13 度，边长 2100～2200 米，面积 4.7 平方千米。城址埋于地表 2.5 米以下，现存城墙基槽部分，基槽宽约 9 米。该城的年代属于商代中期，它的发现填补了商代前期郑州商城与商代后期殷墟都城发展过程中的缺环，在商代都城及中国古代都城研究中有着重要意义。关于这座商城的性质，有学者认为可能是盘庚迁殷的最初地点，传统的"殷墟"是武丁以后发展起来的。也有学者认为，可能是河亶甲所居之"相"，问题的最终解决，还有待于今后的考古发掘工作。

　　2002 年夏，安阳考古队在洹北商城内做系统钻探，发现夯土基址 30 余处。2001 年 10 月到 2002 年 8 月，考古队对其中的 1 号基址进行了发掘。该基址平面呈"回"字形，东西长 173 米，南北宽 85～91.5 米，占地面积达 1.6 万平方米，推测是宫殿、宗庙类遗存。基址废弃于"中商三期"，始建有可能是"中商二期"。1 号基址是迄今发现的规模最大的商代建筑，它在商代城市史和建筑史的研究

中具有重要的价值。

从 1928 年至今，殷墟发掘连续不断，成为全国发掘时间最长的遗址。遗址的范围布局基本弄清，文化分期的体系也已建立，商代晚期王都的神秘面纱正一层一层被揭开，其真实面貌逐渐从历史的迷雾中显现出来。殷商时代是遥远的，殷商的历史与文化掩映在神秘的传说之中，它是那样神奇，那样微妙，而殷商的故都——殷墟，更被这神奇与神秘所笼罩。那至今仍使人好奇的凿龟烧甲的占卜；那似乎属于天国的学问甲骨学与考古学；那沉睡地下，寻常看不见，偶尔露峥嵘的珍奇文物，都充满神秘，使人觉得好奇。文化寻根到殷墟这块宝地，不觉置身于一种特别的神秘气氛中。

2006 年 7 月，世界遗产大会在立陶宛首都维尔纽斯开幕，经过评审，河南安阳商代遗址殷墟被批准入选世界文化遗产名录。大会对殷墟的评价是：可与古埃及、巴比伦、古印度媲美，以其甲骨文、青铜文化、玉器、古文历法、丧葬制度及相关理念习俗、王陵、城址、早期建筑等，乃至中国考古学摇篮闻名于世，文化影响广播而久远，真实性、完整性强，具有全球突出普遍价值，有良好的管理与展示。

（赵天福撰文）

殷墟青铜器

殷墟青铜器的发现和著录可以追溯到宋代，在吕大临所著《考古图》中收录有得自邺郡河亶甲城的几件铜器，可能就是殷墟出土的。清代以来，青铜器发现日多。清末，随着甲骨文的发现，殷墟地区的盗掘之风日盛，大量墓葬被盗掘，很多重要铜器流散国外。1928 年，前中央研究院历史语言研究所开始了对殷墟的发掘。从 1928 年到 1937 年为止，在对殷墟进行的 15 次发掘中，前后共发掘出青铜礼器 170 余件，武器约 1340 件，工具、车马器及其他杂器也各有不同数量的出土。中华人民共和国成立后恢复对殷墟的发掘，五十多年来，共获得了 1000 余件青铜礼器和 3000 件左右的兵器及工具、车马器等。

殷墟青铜器按用途可分为礼器、乐器、兵器、工具、车马器和其他铜器等几类。"国之大事在祀与戎"，与之相应，青铜器中与祭祀、战争有关的礼器、兵器的数量是最多的。

礼器是商周社会中明尊卑、别贵贱的标志物。殷墟礼器可以分为炊食器、酒器、水器、挹酒器等，其中酒器的种类和数量最多。一般认为，商代的青铜礼器以酒器为核心，觚、爵等酒器是身份等级的主要标志物。觚、爵之外，还有尊、壶、卣、方彝、觯、觥等。炊食器以鼎的数量为最多，其次有簋等。水器有盘和盂等。挹酒器有斗和勺。

青铜乐器仅有铙，是手执敲击乐器，多成组出于高等级墓葬中。以三件一组最为常见，妇好墓中为五件一组。一组之中，大小相次，称为"编铙"。青铜礼乐器是商周礼乐制度的物化表征，能否使用礼乐器，以及使用数量的多少，标示了使用者等级身份的高低。

兵器是殷墟铜器中数量最多的一类，依其功用，可分为进攻型兵器和防御型兵器两类。属于进攻型的有戈、锥、矛、镞、卷头刀、斧等，防御型的有头盔（胄）。钺通常被认为是政治、军事权力的象征，妇好墓出土的一件铜钺，通长 39.5 厘米，重达 9 千克，显示了墓主非同寻常的地位。

青铜工具有刀、斧、锛、凿等，多数是手工业工具，有的可能和车辆的制造和维修有关。在车马坑和一些墓葬中，还常发现有各种青铜的车饰和马饰。其他青铜器还有镜、铃、弓形器、人面具等，有的属生活用器，有的则可能是装饰品。

妇好墓出土的铜钺

殷墟青铜器纹饰繁丽，充满神秘气息。其中饕餮纹、夔纹和龙纹等幻想动物纹数量众多、形式多样，且多作为主体纹饰出现，是最重要的纹饰类别。写实性动物纹有鸟纹、蝉纹、蛇纹，以及虎、牛、羊、象等兽纹。几何纹样多用作辅助纹饰，常见有云雷纹、三角纹、蕉叶纹、涡纹、目纹等。

对于青铜器纹饰，尤其是幻想动物纹的含义，目前尚有很多争论。可以肯定的是，幻想动物纹是现实中动物形象的夸张、变形，它们以其奇特、可怖的造型，体现出一种神秘的力量和"狞厉的美"，是当时的社会精神和宗教观念的反映，同时也有其特定的社会功能。

在殷墟发现的众多青铜器中，以后母戊大方鼎最为著名。鼎为中国古代炊食器，早在七千多年前就出现了陶制的鼎。铜鼎则是商周时期最为重要的礼器。在古代，鼎是贵族身份的代表。典籍载有天子九鼎、诸侯七鼎、大夫五鼎、元士三鼎或一鼎的用鼎制度。此外，鼎也是国家政权的象征，《左传》有载："桀有昏德，鼎迁于商；商纣暴虐，鼎迁于周。"鼎大多为三足圆形，但也有四足的方鼎。后母戊鼎便是最负盛名的四足大方鼎。

此鼎器形庞大浑厚，腹部铸有"后母戊"三字，是商王祖庚或祖甲为祭祀其母所铸。后母戊鼎的鼎身和鼎足为整体铸成，鼎耳是在鼎身铸好后再装范浇铸的。此鼎形制雄伟，高133厘米，口长110厘米，宽79厘米，重达875千克，是迄今为止出土的最大最重的青铜器。铸造这样高大的铜器，所需金属料当在1000千克以上，且必须有较大的熔炉。经测定，后母戊鼎含铜84.77%、锡11.64%、铅2.79%，与

后母戊鼎

古文献记载制鼎的铜锡比例基本相符。后母戊鼎充分显示出商代青铜铸造业的生产规模和技术水平。

后母戊鼎立耳、方腹、四足中空，除鼎身四面中央是无纹饰的长方形素面外，其余各处皆有纹饰。在细密的云雷纹之上，各部分主纹饰各具形态。鼎身四面在方形素面周围以饕餮作为主要纹饰，四面交接处则饰以扉棱，扉棱之上为牛首，下为饕餮。鼎耳外廓有两只猛虎，虎口相对，中含人头。耳侧以鱼纹为饰。四只鼎足的纹饰也匠心独具，在三道弦纹之上各施以兽面。后母戊鼎作为商王室重器，其造型、纹饰、工艺均达到极高的水平，是商代青铜文化顶峰时期的代表作。

1939年3月，后母戊鼎出土于河南安阳侯家庄武官村。后母戊鼎初为乡人私自挖掘，后来一古董商欲以20万大洋买下。但因鼎太重太大，移动困难，古董商便要求村民锯断大鼎然后运出，但仅锯一耳便锯不断，唯有作罢，并重新埋下避免被其他人发现。1946年6月被重新掘出，原物先存于县政府处。同年10月底，为庆祝蒋介石60寿辰，当地驻军用专车把它运抵南京作寿礼，蒋介石指示拨交中央博物院筹备处保存。1948年夏，该鼎在南京首次公开展出，蒋介石亲临参观并在鼎前留影。中华人民共和国成立后，该鼎存于南京博物院，1959年转交中国历史博物馆。

此外，在殷墟的苗圃北地、孝民屯、薛家庄和小屯东北地还发现有多处铸铜作坊遗址。作坊内发现有大量陶范、陶模、熔炉残块，以及制模、制范、浇铸用的场地或房舍遗迹，还发现有制范和修饰铜器的工具。从出土陶范看，当时的铸铜作坊已有专业化的分工，分别有铸造青铜礼器、铸造青铜工具和铸造青铜武器的作坊。

青铜器是那个时代权力的象征，一种特殊的礼仪文化造就了商代青铜文明的辉煌，也达到了中国青铜时代发展的巅峰。

（赵天福撰文）

我国古代第一位女将军——妇好

　　1976年春，考古工作者对殷墟的一处建筑基址进行发掘，清除房基土之后，下面出现了一个长方形的坑，里面填满了夯土，考古队员继续往下钻探，发现上层夯土的下面还有一层夯土。工作人员惊喜地发现，这是一座没有被盗墓贼光顾过的墓葬。

　　这座墓葬深约8米，总面积只有二十多平方米。当工作人员挖掘墓葬的填土时，琳琅满目的遗物就不断地出现了。

　　墓主人的棺室是一个玉器和铜器的世界，由于数量太多，考古工作者不得不用水桶和竹筐装了往上送。清理的最后结果让人们十分惊讶，一共出土不同质料的随葬品1928件，包括各种青铜器、玉器、宝石器、

妇好墓

象牙器、骨器、蚌器等。在所有出土文物中，最炫目的当然还是青铜器和玉器，468件青铜器以礼器和兵器为主，礼器的规格很高，说明墓主人是商代王室的重要成员。从出土的大量兵器来看，墓主人是一位武将。其中有两件铜钺，一件是龙纹大铜钺，重8.5千克；另一件是虎纹铜钺，重9千克。在古代，钺不是普通的兵器，而是军事统率权即王权的象征。这么说来，墓主人应是位身份高贵、英勇善战的王朝将军。

考古学家把目光停留在青铜器的铭文上。墓中出土有铭文的铜器190件，其中铸有"妇好"或单一个"好"字的共109件，占了半数以上，可以推断墓主人的名字是"妇好"。

据甲骨文记载，妇好是商王武丁三个法定的配偶之一，也是最有能力、最受宠爱的王后，是中国历史上第一个有文字记载的女将军。殷墟出土的甲骨文中有关妇好的记载多达240多条，其中不乏描述她领兵打仗和参与国家祭祀活动的内容。甲骨文里记载她率兵最多的一次是13000人，这也是甲骨文记载中动用兵力最多的一次。她运筹帷幄，巧设埋伏，配合商王的大将打了一个漂亮的伏击战。由于连年征战，妇好积劳成疾，30多岁就去世了。商王武丁为了纪念她，把她厚葬在宫殿区，并在其上修建了一座享堂，便于对她进行祭祀。

（赵天福撰文）

西门豹治邺

春秋战国时期，邺地处魏、赵两国交界处。魏文侯选派西门豹任邺令。西门豹到了邺县，只见土地荒芜，城市萧条，人烟稀少，一片凄凉。他询问当地百姓为何这番景象，百姓回答说："每年为河伯娶媳妇，可把大家害苦了！"原来，邺县在漳河旁，"漳水悍怒，迁徙无常"，经常泛滥成灾。地方官三老、廷掾与巫婆相勾结，假称只有为河伯娶媳妇，

才能免除水灾，借此年年大肆搜刮民财，并强迫"选聘"穷人的女儿，充作神妇，投入河中。百姓不堪压榨，尤其有女无钱之家，更是纷纷逃亡。西门豹听到后十分气愤，对父老们说："下次给河伯娶媳妇时，你们告诉我，我去参加典礼。"

到了为河伯娶媳妇的日期，西门豹带了兵丁，来到河边。邺县的官吏、显贵，从三老、廷掾到土豪、小吏，全部到齐，远远近近的百姓聚集了两三千人。老巫婆打扮得三分像人，七分像鬼，后面十个弟子，一字排开。西门豹说："你们把神妇叫过来，让我看看她长得美不美。"巫婆领来了新娘，西门豹看了看说："新娘相貌不好，麻烦你大巫婆去报告河伯，等选到漂亮的女子，改日送去。"老巫婆脸色大变，没等开口，就被兵丁们抱起来扔进了漳河。过了一会儿，西门豹说："老巫婆怎么还不回来？弟子去看个究竟。"于是一个弟子也被扔下水。就这样，连续扔下三个弟子。西门豹对三老说："看来，巫婆都是女子，恐怕说不清缘由，还得麻烦你下河去——说明。"这个作恶多端的老家伙，吓得缩成一团。兵丁们七手八脚，把他投入河中。西门豹显出特别虔诚的样子，在河边静待，十分从容。而廷掾等一班官吏则吓得魂不附体，胆战心惊。西门豹对他们说："巫婆、三老都不见回来，怎么办？"想再派廷掾与土豪去一趟。这些平时靠给河伯娶媳妇大发横财的家伙，一个个像捣蒜一样连连叩头，"叩头且破，额血流地，色如死灰"，赖在地上不敢起来。过了一阵，西门豹对他们说："你们还不快爬起来。看样子河伯留客太久，我们回去了。"从此以后，邺县的官吏和土豪，再没有人敢提河伯娶媳妇的事情了。

漳水是邺地的主要河流，它自邺西（今河北磁县）出山后，河道稳定，比降较大，宜于引水灌溉，适于发展农业。而到了邺东以后，地势平坦，河水游荡，易泛滥成灾。在古代，当先民们无力抵御洪水灾害时，往往求助于神灵，因此迷信之风盛行。商代动辄杀人祭河，战国初期黄河上有嫁女与河神以求安宁的迷信，邺地也有"河伯娶妇"之说，地方官吏豪强则利用为河伯娶妇，勾结巫觋，敲诈勒索百姓，敛财自肥。

为了从根本上消除洪灾，西门豹派人勘察地形，动员大量人力，经过千辛万苦，开凿了十二条水渠，即历史上有名的"漳河十二渠"，使漳河由水害变为水利，发展了农业生产。漳河是一条含沙量很大的河流，西门豹领导民众开凿了十二渠后，既可引水灌田洗碱改良土壤，又能增加土壤肥力，使作物产量大大提高。邺地由此成了富庶之地，对魏国的经济发展起了重要作用。

西门豹治邺的故事已经流传两千多年，现在河南安阳北部的洪河屯，还留有古代纪念西门豹治邺的碑刻，供后人瞻仰。作为两千四百多年前的古水利工程，十二渠现在还在发挥它的效益。人们没有忘记为一方兴利除害的历史名人西门豹的功绩，"西门豹治邺"的故事脍炙人口，流传至今。

（赵天福撰文）

西门豹祠堂

从邺城到安阳

　　邺城的营建最早可以上溯到春秋时期,《管子·小匡》记载,齐桓公"筑五鹿、中牟、邺盖与牡丘,以卫诸夏之地"。战国时期这里先后属于赵、魏。秦统一后,属邯郸郡。东汉末年,邺城先后成为冀州刺史治所,韩馥、袁绍先后占据这里,邺城得到进一步的营建。东汉建安九年(204),曹操攻克邺城,领冀州牧,开始大规模营建该城。建安十八年(213),曹操封魏公,以邺为魏都,辖十郡国。建安二十一年(216),曹操被封魏王后定邺为王都。魏文帝曹丕称帝洛阳后,以邺为"王业之本基",定为曹魏五都(洛阳、长安、许都、邺都、谯都)之一。此后历经后赵、冉魏、前燕、东魏、北齐各代,邺均为都城,辉煌时期长达三百七十余年。

邺城遗址

其间虽说屡有弃废，但始终是大部分王朝政权的着眼之地。后赵的石勒、后燕的慕容垂、北魏道武帝拓跋珪、明元帝拓跋嗣、孝文帝拓跋宏等都有把这里作为都城的念头。曹魏、后赵和东魏、北齐的三次大规模建设，把邺城推向

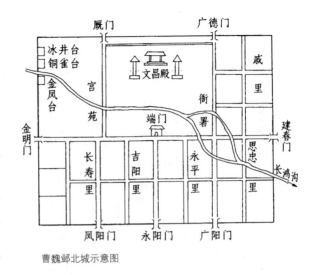

曹魏邺北城示意图

中国古代都城发展的巅峰。有研究者认为，邺城的建设在城市规划方面，城市的居、游、住、行等社会功能方面都有新的突破，都创造出不少成功的经验，成为我国二至六世纪都城建筑的典范。邺城的人口无论在曹魏时期还是在东魏、北齐时期，都达到了百万之众，这在古代都城中并不多见。

在曹操时期的邺城建设可以看作邺城作为都城崛起的起点。从历史文献记载看，曹操时的邺城以一条东西大街为中轴线，城垣"东西七里，南北五里"，共有七座城门。城内各类建筑均衡对称，分布合理，其中北区是内城，南区是居民区、商业区及手工业区。这样的城市布局充分体现了曹操杰出的创造思想，他注意总结了汉代长安、洛阳的城市建设经验，针对这些都城宫殿、民居杂处，城市功能弱小的不足，以中轴线为界，明确了城市的结构和功能分区，宫殿区集中，居民区扩大，体现了城市规划的规整划一，开创了都城建设的棋盘格局时代。另外，南、北二城的格局，特别是城南的"市里合一"，冲破了原来坊为住宅区，市为商业区的传统制度，而将"市"与"里间""坊巷"结合在一起，这在春秋战国、秦汉时代是没有的。同时他还是一位非常注重人居

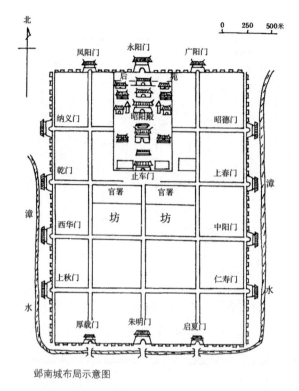

邺南城布局示意图

环境的设计师。邺城内外沟渠纵横，水系发达，并且辟有若干个大型园囿，植被遍地，树木参天。曹魏邺城对北魏前期都城平城和后期的都城洛阳、东魏的邺南城等都有深刻影响。流风所及，直至后代各朝，可谓"前承秦汉，后启隋唐"。

后赵政权的建立者石勒和他的后继者石虎都曾对邺城大加营建。335年，石虎正式迁都邺城，带来了邺城的第二个大发展时期。石虎的邺城基本上是在曹魏旧城基础上再建的，除了棋盘式格局得到保存外，他首次将高大的城门饰以砖石，城墙上每隔百步建造一箭楼。在原有的宫殿门台旁边增加了大量的观榭。城南墙最西边的凤阳门，因为高达25丈，门巅安有两只大金凤，举头高一丈六尺，下面的六层门楼，朱柱白壁，因此非常醒目，离城六七里就可以望见，是后赵时期邺城的象征。

东魏、北齐时期是邺城发展的第三个重要阶段。534年，北魏从洛阳迁都邺城，史称东魏。迁都后，改相州刺史为司州牧，魏郡太守为魏尹，将魏郡、林虑、广平、阳丘、汲郡、黎阳、东濮阳、清河、广宗等郡划为皇畿地区。在邺城东置临漳县，辖300乡；城西置邺县，辖500乡；城东北置成安县，辖350乡，作为都城区域。同时"披图案记，考定是非，参古杂今，折中为制"，着手营建宫城。动土之后，掘到一只神龟，大逾方丈，总监工大臣高隆之以此为吉祥，特意上书孝静帝，对原方角之城的设计进行了修改，城垣的平面形状被改为神龟形。经过两年多的施工，一座新皇城初具规模。元象二年（539）九月，又征发畿内 10 万民工用 40 天的时间修筑了城墙。整个新宫到兴和元年（539）十一月初步建成。

据历史文献记载，新修筑的邺南城，东西 6 里（约合 2592 米），南北 8 里 60 步（约合 3542 米），周围共 25 里，是一座比历史上的邺北城更宏伟的新城。全城南、东、西三面共 11 个门，其中南面 3 门，自东向西依次是启夏门、朱明门、厚载门；东面 4 门，从南至北分别是仁寿门、中阳门、上春门、昭德门；西面 4 门，从南至北依次是上秋门、西华门、乾门、纳义门。另有与北城相通的 3 个北门。

南城除了皇宫，还有 400 余坊百姓居住之所。此外还有东市、西市、东魏的太庙、大司马府邸、御史台、尚书省及卿寺百司、自令仆以下至二十八曹等诸多衙门。

北齐时期，邺城得到了新的建设，高洋大肆重修，使得北齐时期的邺城宫、室、台、榭、楼、阁、观、堂、园、囿、苑城的规模超过了曹魏，其奢侈更甚于石赵。

北周消灭北齐之后，周武帝在破城当月即下令撤毁城内宫殿建筑。大象二年（580）八月，杨坚为平定相州刺史尉迟迥之乱，乃将邺城焚毁，同时把相州治所南迁到安阳，原邺城里居住的人口也随之南迁。这次毁灭，应该是邺城的最终毁灭。由于河道毁弃，彻底消除了邺城再次勃兴的物质基础，加之隋唐鼎盛时期的政治经济因素，邺城永远失去了成为都城的可能。

（赵天福撰文）

七 虎踞龙盘，帝王之宅

——十朝故都南京

金陵王朝皆短命

当代中国称京的城市仅有两个：北京是今日中国的首都，天经地义，但北京没有能独占作为京城的荣耀，它还得与南京分享京的称号。

> 钟山风雨起苍黄，
> 百万雄师过大江。
> 虎踞龙盘今胜昔，
> 天翻地覆慨而慷。

这是毛泽东在《人民解放军占领南京》中的诗句。"虎踞龙盘"是历代对南京风水的概括。南京依钟山，临长江，北连辽阔的江淮平原，东接富饶的长江三角洲，自然条件优越。诸葛亮断言："钟山龙盘，石头虎踞，此帝王之宅。"孙中山也对南京推崇备至，他在《建国方略》中称："其位置乃在一美善之地区。其地有高山，有深水，有平原，此三种天工钟毓一处，在世界中之大都市诚难觅如此佳境也。而又恰居长江下游两岸最丰富区域之中心……南京将来之发达未可限量也。"

高山深水，大江大湖，给南京带来一种龙腾虎跃的王者之气，然而南京空有霸气，似乎有点对不起如此美誉。建都南京的朝代在政治上没有流芳百世的战功让人久久回味，或偏安或守成，大多是短命王朝。

从公元前 472 年越王勾践在雨花台下筑城（史称越城）开始，南京

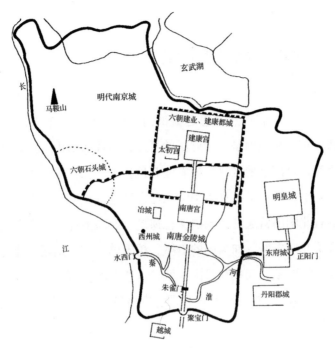

南京历代城址变迁图

近两千五百年的建城史上，曾有过多个名称：金陵、建业、建康、秣陵、白下、升州、江宁、集庆、应天、天京等，金陵、建康至今仍被人们作为南京的别称在使用。从三国东吴于黄龙元年（229）定都建业始，东晋、宋、齐、梁、陈、五代南唐、明、太平天国、中华民国先后在此定都。前后共450年的建都史，其中东晋有一百多年，明朝寿命较长却很快迁都北京，其他的政权存在时间都不长。

　　为什么"金陵王朝皆短命"？是南京为都天然不足还是历史的偶然？有人说秦始皇凿方山毁了"天印山"，泄了"王气"，所以王朝更迭频繁；或说源于秦始皇凿沟渠引淮水流贯金陵，造出一条美人蛇般的秦淮河，而秦淮河太妖媚，浸染了太多的胭脂香粉。这不过是附会而已。但南京做不久首都，或与南方人在武力上的逊色不无关联。

　　　　　　　　　　　　　　　　　　　　　　　　（樊莉娜撰文）

169

秦淮河畔的早期文化

提到南京，人们自然会想起秦淮河，她全长110千米，16条支流呈叶脉状分布，流域内是一片肥沃的平原，四周为低山、丘陵环抱。这里气候湿润，是南京地区最早的农业基地，也是长江流域中华民族文化的一个发源地，考古学家和人类学家已在这里发现多处古文化遗址，其中著名的有北阴阳营遗址、湖熟文化遗址、薛城遗址等。春秋战国以后这里出现了几座古城，如吴国的冶城、越国的越城、楚威王建立的金陵邑、秦汉时的秣陵、湖熟和丹阳县城，这些古城经历沧桑，今天已经不存在了，但每座古城的名称和由来还经常被后人提起。古城包含着传说，也包含着历史。

在今天南京城中心的鼓楼岗西北，有一个海拔18米的大土墩，这就是早期南京先民的遗址——北阴阳营遗址。据说六千多年前，一支母系氏族曾居住在这里，她们以青壮年妇女为首，主要从事原始农业生产和家畜饲养，同时进行狩猎、采集。考古学家在1955年、1956年进行过两次发掘，共清理出房址1座、灰坑18个、人骨225具。从房址来看，地面平坦结实，墙壁涂上草拌泥，不透风雨。屋内还有灶穴，附近有放垃圾的灰坑，屋外分布着窖穴储藏物品，这些足以证明当时的先民过着群居生活。出土的225具人骨，经过鉴定认为有男有女，人死后葬

北阴阳营遗址出土的玉器

在公共墓地，但没有男女合葬墓，随葬品也没有表现出明显的贫富差距。几百年后，这里的原始居民分别向南、北两面迁徙而去，北阴阳营变成了荒野。大约三千年前，一支父系氏族来到了这里。他们用青铜器砍伐了枯树杂草，在水田里种上了水稻，能够制作规整均匀、器壁较薄的灰陶或黑陶，还能制造青瓷，与母系氏族相比已有很大的进步。同时，从墓葬随葬品的质量和数量上也可看出人群出现了贫穷和富裕之分，一些人拥有较多的粮食、家畜和农产品，贫富差异逐步拉大，原始的氏族社会开始瓦解，产生了剥削与被剥削阶层，逐步进入了阶级社会。

1997 年，考古学家又在南京淳溪境内发现了薛城遗址，它是南京面积最大、年代最早的史前古文化遗址，距今 5500 ~ 6300 年，具有很高的考古价值。薛城遗址占地面积 6 万平方米，南京市博物馆和高淳县文保所组成了联合考古队，对遗址进行了抢救性发掘，发掘面积达 100万平方米，发现墓葬 115 座，出土玉器、陶器、磨制石器等文物 500 余件。同时考古人员还在遗址上发现了灰坑、窖坑、柱洞等，在坑中出土了鱼骨、贝壳、动物骨骸等人类生活遗存物。经考古学对比和省市专家们的论证，遗址被确定为"南京原始人发源地"。

考古学家众多的发掘都证明了南京早期文化的发达，但到底哪个是南京最早的人类文化遗址，目前还无法定论。随着时间的推移，相信考古学家会给我们一个准确的答案。

（齐大英撰文）

石头城

在南京清凉山西麓，从虎踞关龙蟠里石头城门到草场门，城墙逶迤雄峙，石崖耸立，这就是依山而筑的石头城，南京别名"石城"即源于此。

石头城的修筑可以追溯到两千多年前的战国时代。历史文献记载，

孙权

周显王三十六年（前333），楚国灭了越国，楚威王设置金陵邑，并在今清凉山上筑城。秦始皇二十四年（前223），楚国灭亡，秦改金陵邑为秣陵县。相传三国时，诸葛亮在赤壁之战前夕，出使东吴，与孙权共商破曹大计，途经秣陵县时，特地骑马到石头山观察山川形势。他看到以钟山为首的群山，像苍龙一般蜿蜒蟠伏于东南，而以石头山为终点的西部诸山，又像猛虎一样雄踞在大江之滨，于是发出了"钟山龙蟠，石头虎踞，此帝王之宅"的赞叹，并向孙权建议迁都秣陵。

东汉建安十六年（211），孙权自京口（今江苏镇江）徙至秣陵（今南京），第二年，"城楚金陵邑地，号石头，改秣陵为建业"。迁都不久，孙吴便紧锣密鼓地在清凉山原有城基上修建了著名的石头城。清凉山紧临大江，形势险峻，石头城的军事地位也由此彰显。鉴于石头城的重要军事作用，孙权"常以腹心大臣镇守之"。然而历史戏剧性地使石头城也成了孙吴的亡国之所，石头城正是吴帝孙皓向晋军投降之地。唐代大诗人刘禹锡的《西塞山怀古》写道："王濬楼船下益州，金陵王气黯然收。千寻铁锁沉江底，一片降幡出石头。"可以想象当年孙皓北使晋朝面对大江，心中泛起的毕竟是繁华不在，故国不存，从此寄生于人的落寞之感，正所谓"人世几回伤往事，山形依旧枕寒流"。

石头城以清凉山西坡天然峭壁为城基，环山修筑，周长"七里一百步"，相当于现在的六里左右。北缘大江，南抵秦淮河口，南面二门，东面一门，南门西边为西门，城依山傍水，夹淮带江，险固异常。城内设置有石头库、石头仓，用以储军粮和兵械。在城墙的高处筑有报警的

石头城遗址

烽火台，可以随时发出预报敌军侵犯的信号。孙吴之后，石头城仍作为南京地区重要的军事防御基地而为后代王朝修缮，甚至隋朝平陈之后，陈朝宫阙皆被"平荡耕垦"，石头城却被作为蒋州刺史的治所，而唐王朝也将扬州大都督府设置在石头城。

古代长江绕清凉山麓东去，在巨浪的拍打下，清凉山崖逐渐被冲刷成了峭壁。唐代以后江水日渐西移，后来扬州大都督府又迁至广陵，自唐武德八年（625）后，石头城便开始废弃，所以诗人刘禹锡的《石头城》又云："山围故国周遭在，潮打空城寂寞回。淮水东边旧时月，夜深还过女墙来。"说明诗人笔下的石头城，已是一座荒芜寂寞的"空城"了。故城不在，山水依旧。石头城虽然荒废，但其所在地区独具魅

石头城残基——鬼脸城

力的自然人文环境使其成为后世文人凭吊、怀古的场所，同时也是南京地区重要的文脉场所，是后世书院、佛寺等的兴建场所。五代时石头城上兴建了第一座寺庙——兴教寺，以后这里就成为寺庙、书院集中的风景名胜区了。清代南京著名的"金陵四十八景"之一就有"石城霁雪"，为文人骚客们所赞赏。时至今日，经过一千七百多年的风雨沧桑，石头城已难寻其踪，学者们有不同的看法，卢海鸣先生认为石头城的位置大致在今天清凉山与汉中门之间一带。不管怎样，我们今天在惊异历史的沧海桑田之时，也仍要铭记曾属于我们自己的文化之墟。

（程森撰文）

梁武帝崇佛

千里莺啼绿映红，

水村山郭酒旗风。

南朝四百八十寺，

多少楼台烟雨中。

这是唐代大诗人杜牧的名作，诗中以生动的语言描绘了南北朝时期南朝佛教的兴盛。南朝梁的开国皇帝萧衍就非常喜欢做和尚。

萧衍本是南齐王朝的臣子。萧道成建立的南齐王朝，只存在了24年，却有七任皇帝。七任皇帝中，三任是暴君：第三任萧昭业，第五任萧鸾，第六任萧宝卷。南齐永元二年（500），萧宝卷杀了大将萧懿，于是萧懿的弟弟南齐雍州（今湖北襄阳）刺史萧衍在江陵拥立萧宝卷14岁的弟弟萧宝融当皇帝。第二年，萧衍率军挺进首都建康，很快兵临城下。在收拾了萧宝卷之后，萧衍于中兴二年（502）逼自己立的南齐和帝萧宝融"禅让"，建立南梁。萧衍做了48年皇帝，在位时间在南朝皇帝中排第一位。

萧衍做皇帝之后，勤于政务，广泛纳谏，还非常节俭，史书上说他"一冠三年，一被二年"。他不讲究吃穿，衣服可以是洗过好几次的，吃饭也是蔬菜和豆类，而且每天只吃一顿饭，太忙的时候，就喝点粥充饥。但这并不能改变他的昏庸，尤其是后期信佛之后。

在南北朝时期佛教大盛的历史背景下，南梁开国皇帝萧衍也不甘寂寞。

梁武帝萧衍

天监三年（504），他亲自率领僧俗两万人在重云殿的重云阁，撰写了《舍道事佛文》。他在位时，佛教在梁朝盛极一时，仅当时的建康城内外就有佛寺五百多所，僧尼十万余人。此外，他还在建康演出了一连串闹剧——先后四次舍身同泰寺（今南京鸡鸣寺）。所谓舍身，一是舍资财，即把自己的身资服用舍给寺庙；另一种是舍自身，就是自愿加入寺庙为众僧服役。同泰寺是首都建康最大的寺院，僧侣数千人。大通元年（527），萧衍到同泰寺进香，忽然脱下龙袍，穿上僧侣的衣服，当起和尚来。这是他第一次舍身当和尚，当了三天即回宫。之后，他不近女色，不吃荤，不仅他自己这样做，还要求全国效仿：以后祭祀宗庙，不准再用猪牛羊，要用蔬菜代替。他吃素，要神灵也吃素。大臣议论纷纷，都反对。最后，萧衍允许用面捏成牛羊的形状祭祀。两年后，萧衍第二次到同泰寺舍身，这一次就比上一次有经验，他不但当和尚，而且拒绝回宫，僵持多天，大臣们渐渐领悟了他的意思，就捐钱一亿万，把他从同泰寺赎了回来。中大同元年（546）、二年（547），他又连续两次舍身，第三次的赎金竟达到两亿万。

太清元年（547），东魏大将侯景因与政敌高澄不合，以十三州土

鸡鸣寺

地归降南梁，萧衍宣布把十三州并入版图，封侯景为河南王。东魏立即攻打侯景，萧衍命侄儿萧渊明率军支援。萧渊明是个能力与权力不成正比的人，不但被东魏打得落花流水，而且自己也被活捉。侯景也全军覆灭，十三个州的领土全部丧失。为寻求栖身之所，侯景驱逐南梁南豫州（今安徽寿阳）地方长官。萧衍不仅不责罚，反而正式任命他为州牧。

高澄未败求和，萧衍答允。两国和解，侯景很可能性命不保，因此十分恐慌，并将顾虑上奏萧衍，萧衍信誓旦旦："我身为一国之君，岂会失信于人。"侯景不放心，以高澄的名义写信给萧衍，提出用萧渊明交换侯景。萧衍回信："你早上送还萧渊明，我晚上即送还侯景。"侯景悲愤异常，于太清二年（548）起兵反叛，势如破竹，渡过长江，抵达建康。南梁各路勤王部队云集城外，按兵不动，萧衍把诏书系在风筝上，命他们进攻解围，可是无人听命。太清三年（549）三月，建康城破。

叛军围困宫城，后引玄武湖水漫灌宫城，萧衍被困宫中，一筹莫展，也没有人去过问他。五月，这位86岁的皇帝活活饿死宫中。

（程森撰文）

李煜之死

春花秋月何时了，

往事知多少？

小楼昨夜又东风，

故国不堪回首月明中。

雕栏玉砌应犹在，

只是朱颜改。

问君能有几多愁？

恰似一江春水向东流。

这是南唐后主李煜被软禁北宋东京时所作的词。李煜（937—978），南唐末代国主，初名从嘉，字重光，号钟隐，南唐中主第六子，宋建隆二年（961）在金陵即位。宋太祖开宝八年（975），宋军攻打南唐都城金陵（今江苏南京），李煜出降，被俘至北宋东京，南唐遂亡。

从南唐一国之君沦为阶下囚，李煜的生活发生了急剧的变化，命运发生了巨大的转折：从九五之尊到亡国俘虏，由尊崇无比到屈辱卑贱。其中差别，宛若天堂地狱；个中滋味，又有谁能体会。深沉的亡国之痛，浓重的故国之思，一首《虞美人》，缅怀故国之情跃然纸上，字字和血泪。据说，李煜这首词字里行间流露的不忘旧国、眷恋故土的深情激怒了宋太宗，不久李煜便被药酒毒死。

南唐是五代时十国之一。十国是指围绕中原地区的十个小国，即杨

李煜

吴、南唐、前蜀、后蜀、吴越、闽、楚、南汉、南平和北汉。南唐定都金陵，经历了先主李昪、中主李璟和后主李煜三位帝王，盛时疆域三十五州，约相当于今江西全省及安徽、江苏、福建、湖北等省的一部分。从937年李昪称帝建国到975年李煜亡国，历时仅38年。

李昪原是杨吴权臣徐温的养子，名徐知诰。在王仙芝、黄巢领导的唐末农民大起义军中，安徽合肥人杨行密所部逐渐发展成为占据淮南的割据势力。902年，杨行密被封为吴王，以扬州为国都，史称"杨吴"。908年，徐温击杀张颢，拥戴杨渭（一名隆演）为吴主，从此掌管了吴国的大权。不过，徐温并未取代吴国，反而一直维护着吴国的天下。

吴天祚三年（937），徐知诰受吴国"禅让"，代吴称帝，定都金陵，称江宁府，国号大齐，后改为唐，史称南唐。939年，徐知诰称自己是唐后裔，改名李昪，即南唐烈祖。

李昪即位后，实行保境安民的政策，在国内兴利除弊，奖励农桑，对外实行睦邻政策，不轻易用兵。在相对安定的条件下，社会生产有所发展，国力较为强盛。李昪统治时期是南唐的鼎盛时期，当时秦淮河两岸集市兴隆，商贾云集。经济的发达也带来了文化的繁荣。

李昪当了六年的皇帝，于943年去世。长子李景通继位，改名李璟，是为元宗。李璟即位以后，并不满足已有的疆域，频

李昪墓出土的陶俑

频发兵攻打邻国，国土有所扩展。958年，南唐在与北周的战争中惨败，李璟被迫将长江以北的14个州割让给北周，并向北周称臣，去掉帝号，改称国主。

江西庐山李煜读书台

961年，李璟死，李煜即位。而将南唐打得俯首称臣的后周也在一年前被赵匡胤所灭。李煜虽是专业的政治家，却无治国之才，也无治国之志。他从小生活在一个浓厚的文化环境中，父亲李璟便是一位词坛高手。李煜更是工书法，善绘画，精通音律，诗、文均有较高造诣，词的成就尤高，书法独具一格，被称为"金错刀"。在势力日益衰落的情况下，他无力回天，只有表现得相当窝囊，称臣纳贡，每年向北宋进贡大量金银财宝。他天真地认为，只要表现得恭恭敬敬，不出差错，赵匡胤就会碍于面子，不会同自己兵戎相见。可惜这只是他的一厢情愿。

宋太祖却是雄心壮志，意欲统一南北。在南平、后蜀、南汉先后被宋灭亡后，李煜慌了，赶快派使者给宋太祖送去一封信，表示愿意取消南唐国号，自己改称"江南国主"。但这样的让步无法阻止赵匡胤南征的步伐。开宝七年（974）九月，宋太祖派大将曹彬、潘美带领十万大军分水陆两路攻打南唐，很快便跨过长江，打到金陵城下。李煜反复求和无望，赶忙调兵遣将放火烧宋军，谁知天不遂人愿，突然刮起北风，李煜反而烧了自己。

曹彬派人进城劝降，以免城内百姓受牵连。李煜拖延，曹彬下令攻城。很快城破，曹彬率领宋军整队进城，秩序井然。李煜让人在宫里堆了柴草，准备放火自杀，可是好死不如赖活，终究没有勇气，只得带着大臣走出宫门，忍着屈辱，悲悲戚戚地向曹彬投降。

　　李煜被押到东京，宋太祖对他还比较优待。但是从一国之主沦为阶下之囚，处境、心境天壤之别，他满腹惆怅，心里十分辛酸，每天流着眼泪过日子，写下了一些悲伤的词，以寄托对故国的缅怀之情，后来终于激怒了宋太宗，被药酒毒死，时年42岁。

　　作为一个小国的国君，连皇帝也算不上，但李煜的知名度不比任何一个大国的皇帝低，在艺术方面，他有很高的天赋，并有很多传世佳作，人们耳熟能详。不过他生在帝王之家，本来按照嫡长子继承制，他是没有机会成为一国之主的，但他的五个哥哥都死得早，所以他有幸成为政治家，这也是他的不幸，最后成了亡国之君。可谓"做个词人真绝代，可怜不幸做君王"！

（程森撰文）

建业城的兴起

　　　　宁饮建业水，不食武昌鱼；
　　　　宁还建业死，不止武昌居。

　　这是三国时代东吴流行于今南京一带的民谣，它反映出以建业为中心的长江下游人民，不愿用大量的人力和物资，逆流而上供应武昌（今湖北鄂州）的东吴朝廷；同时说明作为东吴政权支柱的江东大族，如吴郡的顾氏、陆氏、朱氏和张氏，阳羡（今江苏宜兴）的周氏，吴兴（今浙江湖州）的沈氏等，也不愿离开他们的势力范围过远。正是在这样的历史背景下，孙权虽然于221年决定建都于"鄂"，将鄂县改称为"武昌"，并且于黄龙元年（229）在那里称帝，但在江东大族的强烈要求下不得不还都建业。同样，东吴后主孙皓于甘露元年（265）又一次执意迁都武昌，结果遭到举国上下更强烈的反对，不得不再次还都建业。

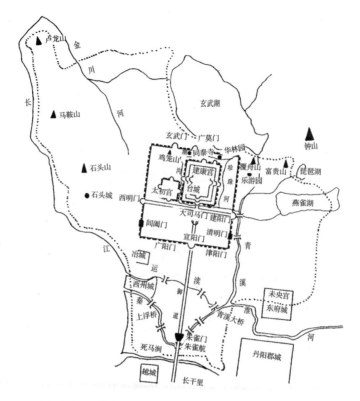

建业和建康示意图

这一情况说明，到了东吴时期，建业地区已经成为众所公认的南方政治和经济中心。

　　黄龙元年秋天，孙权将首都从武昌搬回建业，他自己仍然住在今进香河西岸一带的原"讨逆将军"孙策的府第里，取名为"太初宫"。接着，在周围筑起宫墙，以加强防卫。直到赤乌十年（247），孙权才在群臣的建议下改建太初宫，把旧的将军府全部拆掉。孙权本人也搬出旧宫，临时住到今珠江路南估衣廊一带的"南宫"，这座南宫本来是由太子专用的。改建太初宫所用的建筑材料，主要是利用拆除武昌宫殿的旧材，由长江顺流而下，运抵建业。这次改建工程持续了一年多，于赤乌

十一年（248）三月完工。

改建后的太初宫周围有 500 丈，约合 1200 米，如果按正方形计算，那么每边就是 300 米，全宫面积应为 9 万平方米左右。估计太初宫的东界可能在今珠江路的莲花桥到大石桥一线，利用进香河作为护城河；南界可能到今估衣廊北口一带，利用今北门桥下的水道作为护城河；西面靠近今中山路；北面到今唱经楼一带。太初宫的南面开有五个宫门，其中正门叫作公车门，可能在今估衣廊的北口附近，东、西、北三面各开一门，分别叫作苍龙门、白虎门和玄武门。它的正殿称为"神龙殿"，地点大约在今鱼市街一带。

在太初宫的东面和北面，是东吴的皇家花园和皇宫卫队的营地，名叫"苑城"。皇家花园主要位于苑城的东部，所占面积很大，据说可以容纳三千多名贵族子弟同时在里面骑马操练。苑城的北部有一座苑仓，又称仓城，是最重要的皇家仓库，里面储藏着大量粮食和其他物资。这些物资都经由赤乌三年（240）开凿的城内小运河"运渎"运进。大概是为了增加运渎水道的流量，后来又在仓城与后湖（今玄武湖）之间开辟了一条"潮沟"。由于当年玄武湖的湖面很大，而且有宽广的水道直通长江，江潮可以直抵湖内，所以得"潮沟"之名。

在太初宫的西面，还有一座专供皇太子用的花园，叫作"西苑"。它的位置，很可能就在今日广州路北侧南京大学的南园一带，从前这一带的池沼和湖塘很多。

东吴后主孙皓喜爱豪华的宫室，宝鼎二年（267）时在太初宫的东面建造了一座更为宏伟的"昭明宫"。为了建造这座新宫，孙皓命令中级以下官吏全部进山，督促民工采伐上等木料。还缩小了皇室卫队的营地，以扩大新宫面积。昭明宫包括大小殿堂几十处，正殿叫作"赤乌殿"。每座殿堂都是雕梁画栋，壁面上绘有以神仙和云气为内容的大幅壁画。在殿堂之间垒土作山，在山上盖起高耸的楼阁。这些楼阁均用珠玉作装饰，四周点缀着许多奇山异石。为了使殿堂之间终年都有碧波绿水，孙皓下令在昭明宫后面开凿一条"城北渠"，以引进后湖的激流。这座昭明宫的位置，约在今成贤街四牌楼一带。它的东界是珍珠河，西界是进香河，南面是珠江路浮桥下的水道。

太初宫、昭明宫和苑城组成了东吴的"宫城"。它位于建业都城的中间偏北部分，几乎占据都城1/4的面积。当时都城的城周为20里19步，每边长约5里，都是土墙"篱门"（用竹篱做成的门）。都城的正门"宣阳门"，约在今中山东路以南的淮海路一带。从宣阳门到秦淮河岸的"朱雀门"（又名"大航门"），正好是5里路。那里有一座浮桥，叫作"朱雀航"（又名"大航"），位置约在今中华门内镇淮桥稍东。从宣阳门到朱雀门的5里长街被称为"苑路"，也就是东吴的"御街"。苑路的中央部分是皇帝专用的驰道，路面平整。道旁植槐，路侧有宽深的御沟，清澈的流水终年不绝。驰道两旁是一般人员通行的大道，靠近驰道的一侧都筑有高墙，以免皇帝的行止被人窥知。在大道的两边分布有大小官署和驻军的营房，拱卫着苑路。从苑路的南端开始，就进入了秦淮河两岸的商业区和居民区，并且沿着秦淮河向东、西、南三个方向延伸，其中最著名的是"横塘"和"长干"两个区域。

"横塘"大概是指今"内秦淮"的中华门到水西门段的秦淮河两岸，这里是建业最繁华的商业区。当时建业城最大的商业区"大市"，就位于这个区域。"长干"指今雨花台下到长干桥一带，它既是商业区，又是高级官僚的住宅区。如东吴文官中的首领张昭就住在今长干桥附近，当时的地名叫"张侯桥"。据说，在张昭晚年的时候，孙权对他已经不大信任，他就负气托病不出。孙权得知后大为恼怒，下令将张昭的宅门用土封掉，并放火焚烧。张昭的儿子们害怕起来，急忙扶着张昭上朝去谢罪，事情才算了结。东吴大将陆逊的两个孙子，著名的文学家陆机和陆云兄弟，也住在长干里的越城附近。陆机于吴亡后到洛阳，曾著《怀旧赋》来怀念他的旧居。陆氏兄弟在建业时有一个出名的学生叫周处，他是吴郡阳羡豪族周鲂的儿子。周处少年时为害乡里，无恶不作，阳羡

人民把他与蛟河里的蛟龙和南山上的白额虎并称为"三害"。后来周处幡然悔悟，改恶从善，先为乡里除去蛟、虎两害，然后跑到建业来拜陆氏兄弟为师，刻苦读书。他的读书处就在今城南雨花门附近，后人称为"周处读书台"。

在建业的外围，还有一系列的城堡拱卫着都城，其中最著名的就是石头城。东吴的石头城内设有"石头仓"和"石头库"，用以储存军用的器械、粮食和其他物资。在石头城西南的最高处设有烽火台，这是东吴境内的烽火总台。并由此沿上下游方向，在江岸险隘之地遍设烽火台。据说，只要石头城一举起烽火，半天之内就可以传遍长江沿线，直抵东吴西界的"西陵"（今湖北宜昌附近）。如果在傍晚时分从西陵举起烽火，那么在次日天亮以前也可以传到吴郡（今江苏苏州地区）。

建业城外围的城堡除石头城外，还有金城、白马城、冶城和丹阳郡城等。金城大约在今中央门外的迈皋桥一带，东吴后主孙皓在该处建立城堡，以迎接他父亲故太子孙和的灵榇，后来金城就成为北郊的一处军事要塞，东晋时曾设琅邪郡城于此。白马城是东吴时建业江边的另一处烽火台，可能在今燕子矶附近。冶城在东吴时仍作为官营的冶炼作坊，丹阳郡城也继续使用，这两座城分别是都城西南方和东南方的卫城。此外，为了加强南线的防御，东吴时沿秦淮河的两岸都竖有栅栏，称为"栅塘"或"秦淮栅"。

（齐大英撰文）

明代南京城

明代南京都城始建于元朝至正二十六年（1366）八月，完工于明朝洪武十九年（1386）十二月，历时20年零4个月，是南京城市发展史上规模最大、最具特色的一座城市。

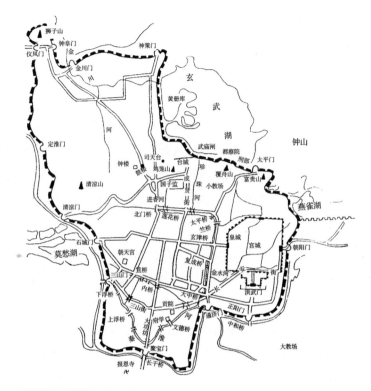

明代南京城示意图

明代的南京都城包括宫城、皇城、京城和外郭城四重城墙。

宫城位于京城东隅，俗称紫禁城，又称大内，它是南京城墙最里面的一重。宫城呈长方形，东西宽 0.75 千米，南北长 0.95 千米，周长 3.4 千米，共辟有六门：南面三门分别为左掖门、午门、右掖门；其余三面各辟一门，东曰东华门，西曰西华门，北曰玄武门。东华门是明南京城现存唯一的宫城城门，当年朱元璋在修建南京宫殿时，要求"但求安固，不事华丽，凡雕饰奇巧，一切不用，惟朴素坚壮，可传永久"。东华门建筑风格简朴，须弥座为素面，没有卷叶纹的雕饰，在一定程度上反映了当年朱元璋朴素建宫殿的思想。与东华门相对应的西华门遗址是近年来在建筑施工中意外发现的，遗址位于第十四研究所附近。这里杂草丛

185

生，仅存三座门券的须弥座和砖石路面淹没在水中。宫城内"前朝后宫"，内部建筑分中、东、西三路，中路建有奉天、华盖、谨身三座大殿，称为前朝，是宫城的核心部分，供皇帝登基及朝觐理政之用；皇帝、皇后使用的乾清、坤宁二宫，称为后廷，与前朝合称"朝廷"。东路建有文华殿、文楼、东六宫等殿宇；西路建有武英殿、武楼、西六宫等殿宇；此外还有御花园等建筑。宫城四周为护城河，东、北为古青溪，西、南为明御河。今日的明故宫就是当年的宫城旧址。明故宫遗址零散分布，从残存的午门遗址及散落在宫城旧址上的大量石柱础可以遥想这座宫城当年的辉煌。

皇城接近方形，围在宫城之外，与宫城合称"皇宫"。皇城南北长 2.5 千米，周长约 9 千米。设有四门，正南为承天门，北为北安门，东为东安门，西为西安门，加上承天门正南的洪武门，合称"五门"。目前，皇城的西安门及大部分护城河遗址仍保存着，而所谓"西华门饭店"附近正是皇城西安门遗址，它长期被误称为"西华门"。西安门是明故宫皇城最西面的一道城门，也是进出皇城最方便的城门。西安门规格很高，仅次于午门。西安门的须弥座刻有明初风格的卷叶纹样，最北面的门券内还保存着明代的路面，门外至今还保存着一座宽大的玄津桥。皇城承天门至京城正阳门之间为御道街，其东侧分布着吏部、户部、礼部、兵部和工部等中央行政机关，西侧为中、左、右、前、后五军都督府的所在地。午门以外，东南为太庙，西南为社稷坛。

明代南京的皇城和宫城建筑多消失在兵乱中，现仅存午门、东安门、西安门、内外五龙桥及奉天门遗迹。不过后来的北京城在建制上多仿南京，北京故宫建筑群的"宫殿、门闼规制，悉如南京"，从中我们可以想象明代南京皇宫的壮观。

现存的南京城墙即明南京的京城城墙。京城东傍钟山，南凭秦淮，西据石头（即石头城），北控后湖（即玄武湖），不仅包括了孙吴的石头城、六朝建康都城、南唐金陵府城，而且将南唐都城之外北面的狮子

南京明城墙遗址

山、鸡笼山、复舟山、富贵山、马鞍山等山也纳入城内，形成了三大功
能区，即城东的皇城区、城中部和南部的居民区及商业区、城西北部扩
展的军事区。南京城墙正是随着地形变化及军事防御的需要，在这三大
区域的外沿曲折围合，形成了一个非方非圆、多角不等边的宝葫芦形。

　　南京城墙长达 33.676 千米，沿城外围有数十米宽的护城河。城墙
高度一般在 14～21 米之间，最高处达 25 米，顶部宽度 7～12 米，城
基宽度 10～18 米不等。沿城有垛口 13616 个，窝棚 200 座，均为御敌
之用。明初建城时，共开 13 座城门，《儒林外史》说，"三山聚宝临
通济，正阳朝阳定太平，神策金川近钟阜，仪凤定淮清石城"，这四句
诗按逆时针方向列出了京城 13 座城门的名称。13 座城门上都建有敌楼，
并设木城门、千斤闸各一道，以资防守。重要位置的城门还增设了道数
不等的瓮城，聚宝、通济、三山三门各增三道瓮城，石城门增二道瓮城，
朝阳门和神策门各增一道瓮城。

　　南京城墙的墙身结构分为墙基、墙身、雉堞三个层次。大部分城墙

南京城墙门楼

都先用长 1 米左右、宽 0.7 米、厚 0.3 米的花岗岩或石灰岩条石作基础，上面再用规整统一的巨砖垒砌。据说建南京城用的砖数量极大，质量又高，明王朝动员了南京工部、京师驻军三卫及相当于今长江中下游的湖南、湖北、江西、安徽、江苏五省的许多县负责烧制，由水路运到南京。为了便于检查，这些砖上刻有造砖工匠和监造官员的姓名，有的还刻有时间。1973 年在南京城墙维修时发现一瓷砖上刻有"袁州府宜春县提调官、主簿高亨，司吏陈迁玉，烧砖人杨信，人户郁达才。洪武十年月日"。整个墙体取梯形堆砌，下宽上窄，以保持平衡稳定；城砖砌筑每层犬牙状相接，增加了内部拉力；城墙基础底部，一般深入地面以下 2～5 米。底脚宽于城墙 1～2 米，以保证墙基牢固。城墙顶部合内外两壁的砖缝里，都浇灌"夹浆"，是用石灰、糯米汁或再加桐油掺和而成的，

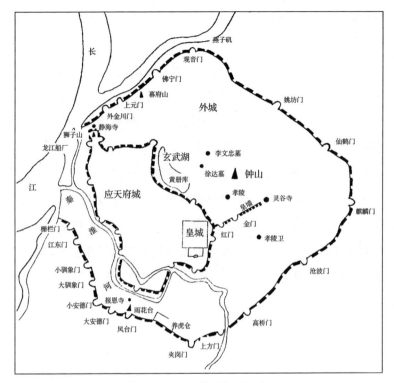

明南京外郭城示意图

凝固力很强。墙顶用砖铺成地面并砌成雉堞，安置石刻的泄水槽以排出
雨水，墙基部分间隔设置排水洞，以排除城墙内侧的积水。

　　外郭城是南京城的第四重城墙，是洪武二十三年（1390）朱元璋下
令修建的，西北据山带江，东南阻山控野，周长 60 千米。传说朱元璋
造好都城之后，就带领文武百官和他的儿子们登上钟山观察全城形势，
文武百官都赞叹不绝，军师刘伯温也说："皇上，有了这城，敌军百万
也进不来呀，只有燕子才能飞进城来！"朱元璋高兴得哈哈大笑，随口
又问儿子朱棣有何看法，朱棣说："父皇，这城好是好，可惜没有把紫
金山包进来，敌人如果在紫金山上架大炮，炮炮打中紫禁城。"朱元璋
听后大吃一惊，但也不能不佩服朱棣的眼光。钟山离宫城太近，留在城

外对城防极为不利。洪武二十三年，朱元璋又下令建造外郭城，把钟山、雨花台、幕府山等重要的制高点全部圈入外郭，依山带岗，连绵环绕，形势宏伟，俗称"土城头"。外郭城有城门 18 座，险隘之处用砖砌筑。

明代南京城集我国古代城池建设之大成，其平面布局突破了我国都城方正的传统，从军事防御出发，因地制宜，使城墙穿插在自然山水之间，形似蛟龙，山水城林，相得益彰，是中华民族的伟大创造，是中国城池建筑史上的壮观之举。不过，南京城墙的修筑耗费了无法估量的人力、物力、财力。其中条石是建材中的大宗，南京城墙通济门到三山门的西南段，几乎全用条石砌筑。为建造南京城，明初石匠们被迫从事奴隶式的艰辛劳动。传说石匠每人每天须向监工交出三斗三升石渣，如达不到定额，就要处死。现在南京东郊汤山镇仍有一个地名叫作"坟头"，据说就是明初集中掩埋那些被处死的石匠的地方。

（齐大英撰文）

反反复复的建都之争

中华民国建立后，围绕建都问题曾出现过两次激烈的争论和较量。

第一次是在中华民国刚刚成立的时候。1912 年 1 月 1 日，孙中山在十七省代表的推举下，在南京宣誓就任中华民国临时大总统。革命派经过短暂的争执，接受孙中山的建议，选定南京作为首都。3 日，成立了中华民国临时政府，选举了副总统、秘书长、各部总长，颁布了《中华民国临时约法》，确定南京为临时政府首都。

临时政府刚刚成立，困难重重，在中外反动势力的联合进攻下，同盟会员对新成立的中华民国临时政府及总统孙中山信心不足。胡汉民认为只有袁世凯能担当起中华一统的角色，直接向孙中山"逼宫"，劝孙与袁议和妥协；汪精卫更是背着孙中山向袁世凯表示："共和非公促成不可，且非公担任不可。"同盟会员章太炎不仅此时退会，还公然表示，若举总统，以功则黄兴，以才则宋教仁，以德则汪精卫。

2月13日，孙中山被迫宣布辞去临时大总统职务，同时推荐北洋军阀集团的头目袁世凯继任。不过他在辞职咨文中附有三个条件：

1. 中华民国临时政府应设在南京，南京是中华民国临时政府的首都，为各省代表所议定，不能更改。

2. 俟参议院举行新总统亲到南京受任之时，本总统及国务各员方始解散。

3. 临时政府之约法为参议院所制定，新总统必须遵照颁布之一切法制章程。

此举的目的是调虎离山，要袁世凯离开他营造了几十年的北方老巢，将其置于南方革命派的监督和控制之下，以削弱其势力。

不过此举引起同盟会内部的一场争论。章太炎、宋教仁和南京临时参议院的一些议员都强烈反对建都南京。他们认为建都南京，无异于放弃满蒙。在宋教仁、章太炎的影响下，一些参议员也倾向于建都北京。2月14日，参议院讨论临时政府设置地点问题。投票者28人，主北京者20票，主南京者5票，主武昌者2票，主天津者1票。孙中山接到参议院的议决案后，异常气愤，黄兴尤其怒不可遏。于是，2月15日，参议院举行复议。投票者27人，以19票多数通过建都南京，此外，6票主北京，2票主武昌。直隶、奉天、江苏、云南、陕西、山西六省始终主都北京。

南京临时政府内部的争论甫告结束，与北洋派的争端又起，而且日趋激烈。2月15日袁世凯致电孙中山，表示不接受南下，并以"退归田园"相威胁，以"北方秩序不易维持，军旅如林，须加部署"为借口，一味拖延。孙中山和黄兴仍然坚持要求袁世凯南下就职，并于2月18日特派教育总长蔡元培、议和参赞汪精卫、法制局长宋教仁、外交次长魏宸组、参谋次长钮永建等五人为专使，北上迎接袁世凯南下就职。

南京总统府

但北京是袁世凯的老巢，他怎能轻易舍弃自己的势力范围，将自己置于南方革命派的控制之下！于是，经过密谋，2月29日晚，袁世凯最亲信的士兵和卫队，曹锟所属的第三镇，发动兵变，在东城区东华门、王府井大街和前门一带纵火抢劫。通州、天津、保定也如法炮制，发动兵变，洗劫居民店铺。形势顿为紧张。

兵变后，袁世凯非但没有受到责难，反而得到旧官僚、军阀、原立宪派和一些革命党人的进一步拥戴，帝国主义也积极配合。原有的反对定都南京，支持袁世凯即在北京就职的声浪更高了，有的甚至将兵变归罪于南京临时政府，肆意抨击，形成了这次定都之争中拥袁在北京就职的高潮。

这时，段祺瑞、姜桂题、冯国璋等北洋将领联名致电孙中山，声称"临时政府必须设于北京，大总统受任暂难离京一步，统一政府必须旦夕组定"。袁世凯得到了北方官僚、政客、军阀、立宪派和部分革命党人的信任与拥护，就连那些一直反对定都北京的人士也开始转变立场。

本来就力不从心的孙中山，面对各方压力不得不妥协。3月6日，南京临时参议院正式决议，孙中山亲自电复"同意袁世凯在北京行总统权力"。四天之后，袁世凯当上了中华民国临时大总统。经历了一个多月的南京、北京建都之争宣告结束。

1928年6月，北伐军占领天津、北京，奉系军阀张作霖的势力退回关外。南京国民政府将北京改为北平，与天津同为特别市，委任阎锡山为京津卫戍总司令。阎锡山接收平津后，旧话重提，他对记者发表谈话称：首都问题，北伐完成后，东三省及外交均愈重要。以地言，北京为便。由此挑起了民国建立以来的第二次建都大争论。

阎锡山主张建都北京，是因为他们原都是北洋军阀的直系，长期依附于北洋军阀，北京在他们的势力范围之内。建都北京，有利于他们插手和控制中央政权，孤立蒋介石。而蒋介石集团的势力范围主要集中在长江流域一带，政权基础是江浙财团，上海是他们的大本营，南京与上海近在咫尺，所以坚持以南京为首都。

1928 年 6 月 4 日，吴稚晖在南京市党部发表演说，阐述了建都南京的理由：第一，建都南京是孙中山总理一贯的主张，而且还要求将遗体安葬在南京，中山陵陵墓工程已开工几年，行将竣工，不可更改。第二，从地理位置看，南京与北京同在中国中央，从陆上看南京似乎偏东，但若计算中国海域，则南至新加坡，东到日本划界处，南京则仍尚适中。其三，北京古城虽较整齐，但只能算是历史上的陈列物，红墙黄瓦，乃封建帝都标志，不能成为革命新时代的首都；南京虽然暂时简陋，但邻近上海，有巨大的投资来源，建设起来容易。第四，上海是国际大都会，是世界各国轮船往来必经之地，又是中国舆论中心，定都南京，就可以将上海作为传达处，更是好上加好。总之，"首都建在南京已无问题"。

湖北、江西、四川、云南等省的国民党党部与不少党、政、军要人相继发表通电，支持国民政府定都南京；广州市党部指导委员会以及国民革命军总参谋长李济深、国民革命军第四集团军总司令李宗仁等权力派人士，也先后致电，主张定都南京。桂系将领黄绍竑发表通电说："北京是做成的皇宫故城，南京是生成的虎踞龙盘，天造地设，十分理想。再者，南京地处长江下游，当南北要冲，水陆交通方便，于政治、军事、文化、商业均占重要地位，非北京可及，请国民政府议决速定建都南京，讵容再有异议。"

阎锡山不便出面与中央政府争论，便暗中指派北方派的文人在报刊

上发表文章，大造舆论，主张建都北京，强烈要求国民政府北迁。

1928年7月，地理学家白眉初在《国闻周报》发表文章称，建都北京国运长久，建都南京国运短暂。历史上北京建都有八百多年，而且代代强盛；而南京地势低洼，不据国疆上游，夏天湿热，民风文弱，在历史上曾是六朝金粉之地，萎靡之气太重，历代王朝前后在此建都者共四百余年，平均每代不过四十五年，而且除明朝朱元璋外，没有一个统一的政权，非偏安即年促，因此，南京乃是亡国之都。

接着，北京的另一位学者叶叔衡也发表文章支持白眉初的观点，并且针对南京是孙中山生前指定的首都这一理由指出，民国初年，孙中山先生主张定都南京的时候，是因为袁世凯正在北京；1925年孙中山临终时所立遗嘱，是因为北京还在张作霖的控制之中。因此，孙中山主张定都南京是因时制宜的权宜之计，并非不可改变。叶叔衡还建议国民党政府效法明朝永乐皇帝迁都北京的故事，舍南京而立都北京，以"竟中山先生之志，而奠民国之基础"。

面对北方派的咄咄逼人之势，《申报》总编龚德柏秉承蒋介石集团的意旨，在《国闻周报》上发表了一篇题为《驳白眉初君〈国都问题〉》的文章，对北方学者建都北京的言论进行了猛烈攻击。龚德柏指责白眉初对于近代国都之意义毫无了解，竟以十八世纪以前之理论来论现代之国都，根本上已属错误。他说白眉初文章"或误因为果，或误果为因，或冠履倒置，或牵强附会，或互相矛盾，或支离破碎。……并滥引似是而非之历史地理，以炫其淹博，图欺世人，不知识者已窃笑于旁矣"，抨击其文中"论列强之侵略"与"使馆保卫界之纠葛"等言词，与"日人所希望者如出一辙"，是"为外人作说客，为帝国主义作走狗"。他最后得出结论，定都南京"不特可免脱各国之平时占领，长受城下盟之苦，且可除旧布新，一扫恶习，以渐入于振拔强盛之域"。"总理独见及此，固非庸俗所能窥其深远也。"这种充满浓烈火药味的文章一出炉，南北文人的笔战开始沉寂下来。

　　这场建都之争中，蒋介石由于控制着中央政府，开动舆论工具大肆宣传，而且有总理遗训作为依据，处于明显的有利地位。阎锡山等见事无可为，大势已去，遂偃旗息鼓，争论不了了之。

（樊莉娜撰文）

八　江吴都会，钱塘自古繁华

——苏州和杭州

"三山文化"之谜

　　早在晋代，大文学家陆机就以"山泽多藏育，土风清且嘉"的诗句来描写苏州地区璀璨的自然、人文景观。中古以后，苏州所在的江南地区更是"人文渊薮"，人才之多，可谓"星汉灿烂"。有学者统计，清代全国共出状元 114 名，苏州一府即达 26 名，占总数的 22.8%，超过了江苏以外的其他省份。然而人们或许会问，苏州文化自古就如此繁盛么，其文化的源头在哪里？这就需要从三山文化说起。

　　三山文化遗址处于苏州市西南五十公里处太湖中的三山岛，因岛内出土大量哺乳动物化石和旧石器遗物而被考古学家命名。三山岛因岛上有大山、行山和小姑山三座山而得名，湖光山色，风光如画，清人吴庄即有《三山》诗描写道："长圻龙气接三山，泽厥绵延一望间。烟水漾中分聚落，居然蓬莱在人寰。"

　　1985 年在三山岛发现了大量哺乳动物化石和旧石器遗物，首次揭开了太湖地区一万年前的旧石器时代文化的面纱，学者多以三山文化为苏州文化的源头。考古学家在岛上发掘到的动物化石有 6 目 20 种，包括动物的牙齿和骨骼等，可以辨明的动物有棕熊、中国黑熊、野猪、鹿、獐、兔、虎、狼、犀、牛、猕猴、猞猁等，甚至还发现了大熊猫的遗骸。经考古学家研究，这些动物化石具有南北方动物混合的特征，大部分动物活动于更新世晚期，距今数万年。同时，这些动物化石的发现也说明了当时太湖并未成形，三山岛还属于平原或丘陵地带，植被繁茂，间有

三山岛出土的石器

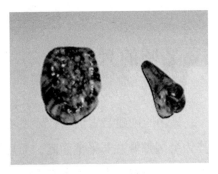

三山岛出土的大熊猫、人类牙齿

平原沼泽。

　　三山岛上最重要的发现则是人类旧石器遗物。石器出土地点在岛西北清风岭下一个溶洞前的湖滩上，发掘面积36平方米，出土石器5263件。石器原材料主要为燧石、石髓、玛瑙等，石制品的种类包括加工成形的石器工具、石核、石片和一些丢弃的废片；石器类型有刮削器、尖状器、锥、钻、砍砸器、雕刻器等。其中刮削器的数量和种类较多，而且从石器工具组合的整体判断，三山文化反映了以渔猎为主、采集为辅的经济形式。

　　有学者认为三山岛旧石器遗址仅为一处石器制造场，也有学者认为古人类除在岛上制作石器外，还将此地作为季节性的居住营地，意见不一。另外值得注意的是，没有迹象表明三山岛旧石器文化与这一地区的新石器文化之间有着文化传承关系，三山文化从何而来，又如何传承，仍是个未解之谜。

　　　　　　　　　　　　　　　　　　　　　　　（程森撰文）

吴城的兴起

吴国的创建与太伯、仲雍之功密不可分,不过吴城(今江苏苏州)作为吴国都城并非平地而起,而且关于太伯时代吴国(当时称句吴)都城的确切位置,多数学者有不同意见。

江南地区由于地势卑下,气候湿热,先秦时期川泽密布,植被繁茂,司马迁在其《史记》中这样写道:"江南卑湿,丈夫早夭。"这种自然环境在生产力极为低下的早期社会,本不太适宜人类的生存。虽然当地先民披荆斩棘,筚路蓝缕,但在太伯、仲雍来到江南之前,当地仍是"断发文身"的蛮荒之地。商朝末年,我国西北地区周族部落的首领古公亶父之子太伯及其弟仲雍千里跋涉来到江南,将周文化传入当地,并与当地土著文化结合,最终奠定了吴文化的基础。然而太伯与仲雍所奔

泰(太)伯墓

之地到底在何处还是个谜，有学者认为在今镇江，也有学者主张在今无锡梅里。道光《梅里志》引《吴越春秋》记载了太伯在梅里所建都城的样貌："（城）周三里二百步（1530余米），外郭三十余里（15000余米），在西北隅，名曰故吴。"即当时的都城名为"故吴"，这也标志着句吴国的正式建立。今天无锡

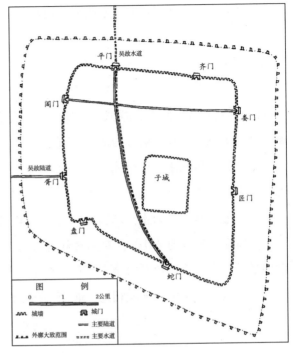

吴城规划图

鸿山镇的鸿山上仍有 "泰（太）伯墓"供人们缅怀。民间以每年的三月三日为太伯死忌，当地人登鸿山扫墓祭祀，千百年来相沿成俗。

虽然梅里离苏州不远，但吴国在苏州真正建都还是在吴王寿梦之时。寿梦时吴人已在苏州营建宫室、城郭，此后至吴王僚十二年（前515），公子光（阖闾）代为王，吴人以此为都，前后经历三世五君，共五十余年。然而其间的大段历史如雾里看花，很难详究，都城的城址和规模也无从稽考。阖闾元年（前514），伍子胥受命在旧城之外新筑吴城（今苏州）。新城为大城套小城的格局。大城中的小城（或称子城、宫城）是吴王的宫室和衙署，居民住宅区则分布在宫城外。整个都城有水、陆门各八个，每面城垣各开两门，自西南至东北分别为阊门、胥门、盘门、蛇门、匠门、娄门、齐门和平门。城内有宽广的街衢和密集的河道。《越绝书》称城中心干道为"邑中径"，共有二：一条从阊门到娄门，

约长 3825 米，宽 32 米；另一条从平门到蛇门，约长 4244 米，宽 46 米。另外还有水道，约宽 39 米。水门引入太湖之水，形成以三横四直为主干的内河水网体系，发挥着改善城市气候、美化环境的独特作用。至吴王夫差二十三年（前 473）"越灭吴"止，吴城作为吴都前后历二世，共 42 年。到了战国时期，越国又迁都于此。据《古本竹书纪年》记载：越王翳三十三年（前 379），从琅邪"迁于吴"。《吴越春秋》也说："勾践至于亲，其历八主，皆称霸，积年二百二十四年，亲众皆失，而去琅邪，徙于吴矣。"至楚威王七年（前 333）"（威王）杀（越）王无强，尽取故吴地至浙江"为止，越国又在此建都 47 年。

汉高祖六年（前 201），刘邦封刘贾为荆王，以吴县（今苏州）为荆国都城。由于子城范围太小，刘贾又在子城北市坊之西另筑小城，名曰"定错城"，东南与子城相连，北面直达平门，供王室贵族居住。

（程森撰文）

吴越战事传古今

今天，吴王夫差和越王勾践的故事几乎家喻户晓。据记载，勾践元年（前 496），吴王阖闾兴师伐越，越王勾践战败，阖闾伤足而死，夫差继位。勾践三年（前 494）春天，越伐吴，夫差败越于夫椒，越王勾践困守于会稽山。越国大夫文种向吴太宰伯嚭求和，吴王夫差不听伍子胥之谏而同意。后来勾践在范蠡的参谋下，于公元前 492 年到吴国给夫差当奴仆，被关在石城，俯首称臣。三年后，夫差动了恻隐之心，准备放勾践回越国。大臣伍子胥坚决反对，说放勾践回去，就等于放虎归山。夫差不听，将勾践放回。勾践回国后委托范蠡建城作都，自己则每晚睡在柴垛上，在房门口挂一个苦胆，每天都要舔一舔，不听音乐，不近女色，念念不忘复仇，这就是后人常说的"卧薪尝胆"的故事。勾践对外继续讨好吴王，不断送礼，给吴王送去西施等美女和大量的木材，以削弱吴国的国力。据说这些木材都堆积在灵岩山下的河道里，因此这个地方得名"木渎"。对内休养生息，富国强兵，鼓励增加人口，以增强国力，并和群臣一起谋划攻吴之计。后来终于在公元前473年灭掉吴国。

在吴越争战中，越国使用的"美人计"常被后人提起。据说当年吴国大举侵入，即将灭绝越国时，越王勾践感到了深深的绝望，他本打算杀死妻子，焚毁财宝，然后自杀成仁。据《史记》记载，大夫文种劝阻了他的自毁之举，并且建议说："吴国的太宰伯嚭贪婪成性，不妨诱之以利。"勾践看见一线政治生机，便备下美女和大量珍宝，派文种带去结交伯嚭。结果吴王在伯嚭的劝说下收兵回国，给了越国休养生息、卷土重来的机会。司马迁的著述虽然提到了美女，却无姓无名，跟范蠡和夫差也没有直接关联。《越绝书》沿袭《史记》的说法，也认为献美女是文种所为，但明确指出了被献者的姓名："越乃饰美女西施、郑旦，使大夫种献之于吴王。"

东汉民间史学家赵晔著《吴越春秋》，认为越国的相国范蠡才是该事件的主谋。范蠡让两位美丽的村姑穿上罗缎锦衣，学习优雅步态和歌舞技巧，希望把她们改造成合乎宫廷礼仪的贵妇，然后送给吴王进行诱惑。但是在进行训练的过程中，足智多谋的范蠡爱上了西施，两人双双坠入情网，严重违反了朝纲，差点酿成惊天大祸。据说范蠡为了拖延日期，借口要对她们做进一步培训，有意放慢了行程。从会稽到苏州，短短两三百里的路途，他们竟然走了整整三年，却始终没有到达目的地。《汉唐地理书钞》所辑《吴地记》甚至揭露说，他们在路上还生了个儿子，到达现今嘉兴南部一百里处时，这个婴儿刚满周岁，能够开口说话，于是路边的亭子被当地民众叫作"语儿亭"，以见证这个秘密爱情的结晶。范蠡与西施的私情无疑是极度机密的，一旦走漏风声，他们将同时面临来自吴越两方面的杀身之祸。在这段长达三年的浪漫时光里，范蠡的焦虑想必与日俱增。他必须承受一个无法规避的事实：把心爱的女人

献给仇敌夫差。他的无奈和愁苦隐藏在历史的深处，仿佛在为这场雪耻复国的游戏增加价值筹码。

三年之后，在吴国的都城，范蠡忍着巨大的痛楚，心如刀割却面带微笑地把西施和郑旦一起交给夫差，美人西施心中也一样充满了生离死别的哀伤。西施被送给吴王后成为夫差最宠爱的妃子，把夫差迷惑得无心国事，最终众叛亲离。而越王勾践则经过三年的卧薪尝胆，苦心经营，最终打败吴国。越国胜利后，美人西施、郑旦回到故乡，相传越王见了西施后也想封她为妃子，但遭到西施的拒绝。范蠡对越王的心思深为了解，他毅然辞官，与西施相伴云游四海去了。

（齐大英撰文）

一代才臣伍子胥

关于伍子胥，后人对他的看法有褒有贬，有人认为他是楚国的叛臣，有人认为他是吴国的忠臣，但不可否认的是，伍子胥确实是一代才臣。

伍子胥名员，本是春秋后期楚国人，其父伍奢、兄伍尚皆侍楚平王。由于楚平王荒淫无度，强娶未婚儿媳，伍奢力谏，平王遂将伍奢、伍尚杀害，伍子胥便逃往吴国。在伍子胥的策划下，专诸在宴会上刺杀王僚，公子光夺取了吴国政权，是为吴王阖闾。吴王阖闾继位后，伍子胥成为吴国的重要谋臣，他首先参与设计了吴国的都城。伍子胥说："凡欲安君治民，兴霸成王，从近制远者，必先立城郭，设守备，实仓廪，治兵库，斯则其术也。"阐明了兴建都城的重要性，也可见他的政治眼光。伍子胥选定在姑苏山东北30里处建造一座大城，又称阖闾城。据《越绝书》记载，"吴大城周四十七里二百一十步二尺……吴郭周六十八里六十步"。同时还修建了吴王居住的"吴子城"，周十二里。从而建造了一座由外城、大城、内城三重城垣构成的都城，并且外挖护城河，内掘护城濠，垒成高大宽厚的城墙。设水陆城门八座，象征天之八风，地之八卦，八座城门分别为：东面的匠门和娄门，西面的阊门和胥门，南面的盘门和蛇门，北面的齐门和平门。整座都城的设计均是出于军事上的考虑，体现了伍子胥的军事战略。吴国的都城历经沧桑巨变，形制未有大的改变，直到战国后期才彻底被毁，其建筑之坚固可见一斑。

伍子胥的军事战略还表现在吴楚战争和吴越战争上。楚国是他的祖国，楚平王却与他有杀父弑兄之仇，带领吴国的军队来攻打自己的祖国，固然有悖于常理，然而在春秋末期诸侯的激烈争霸中，楚王的荒淫和短见必然遭人所弃，以伍子胥的才略另选明主却也合乎常情。

伍子胥像

吴王阖闾三年（前512），吴国以孙武为主将，兴师伐楚。由于伍子胥了解楚国的地理形势和军事情况，加之孙武的军事谋略，战争顺利进行，首先拔楚邑舒（今安徽潜山），接着取六与潜，破楚军于豫章（今安徽巢湖市境），占领居巢。最后于公元前506年，联合唐、蔡，倾三国之师伐楚。在战术上，一改往日水战，溯淮而上，舍舟淮汭，登陆攀越悬崖峭壁，自小别山至于大别山，出楚不意，于柏举（今湖北麻城境）展开猛攻，五战于郢（楚都，今湖北江陵纪南城），楚昭王出奔。吴国以3万精兵击败楚国20万大军，五战五胜，成为中国战争史上一次以少胜多的著名战例。

伍子胥出关处——安徽昭关

在吴越战争上，伍子胥坚决反对吴越议和，并主张停止伐齐，但吴王夫差听信太宰伯嚭的谗言，将越王勾践放回越国，宠爱越国贡献的美女西施。最终吴国被越国所灭，伍子胥也因此惨遭杀害。后来吴国为了怀念这位忠烈大夫，为他建祠立庙，现在苏州西南的胥门、胥江、胥口、胥山及伍子胥墓等都是来纪念他的。

（齐大英撰文）

西子湖觅踪

西湖在今浙江省杭州市城西，旧称武林水、钱塘湖、金牛湖、西子湖。秀美的西湖是杭州一颗璀璨的明珠，在苏东坡笔下又如同温婉的少女，恬然轻盈。正所谓，"水光潋滟晴方好，山色空蒙雨亦奇。欲把西湖比西子，淡妆浓抹总相宜"。西湖四周吴山、宝石山南北环抱，若龙凤戏珠。民间传说，有一条玉龙、一只金凤从王母娘娘手中夺回明珠化为西湖，由自己朝夕守护。神奇虚幻的传说，饱含着人们真善美的愿望。

杭州地处杭嘉湖平原的南端，钱塘江北岸，这里雨量充沛，河湖交错，水网密布，土地肥沃。但在远古时期，杭州并非一片陆地。早在1920年，我国著名科学家竺可桢先生考察西湖时，首先提出西湖原

西湖

是一礁湖，是钱塘江口一小湾，后来由于钱塘江夹带的砂土堵塞其湾口而成的假说。后据地质学家研究，在地质史上第四纪时期，杭州连同西湖都是一片浅海湾。马蹄形的西湖群山环绕着这个浅海湾，只在东北方向有个缺口与茫茫大海相通。南面的吴山和北面的宝石山环抱这个小海湾形成两个岬角，二山隔水相对，成为阻拦泥沙入海的天然屏障。在漫长的历史长河中，周围由山岭而来的溪涧携带的泥沙，以及海水出入沉积的泥沙、长江口南岸和钱塘江入海口的大量泥沙，受到吴山和宝石山两个岬角的阻拦，在海湾口堆积，出现了断断续续的沙嘴，逐渐阻挡了海湾与湾外浅海的流通，海湾逐渐形成了一个"泻湖"。它就是西湖的前身。而杭州也在泥沙的沉积作用下，久而久之，形成了平陆。

　　秦代开始在杭州置钱唐县，治所在今灵隐山下，此即今天杭州的

前身。公元前210年，秦始皇东巡会稽（今浙江绍兴）时曾到过钱唐，在宝石山下系过船缆，宋代的《淳祐临安志》引陆羽《武林记》云："钱塘门至秦皇缆船石，俗呼为西石头。旧传西湖本与海通，东至沙河塘，向南一岸皆大江也，故秦始皇缆舟于此。"那个时候西湖尚未形成。东汉班固的《汉书·地理志》记载："武林山，武林水所出，东入海。"书中也未记载西湖。武林山即今灵隐山，武林水也就是灵隐寺前的涧水，今天的涧水东入西湖而不入海，这说明西汉时期西湖仍未形成。

西湖的形成始于汉代以后，那时传说湖中时见金牛，人们认为那是"明圣之瑞"，故西湖又有金牛湖、明圣湖之称。隋唐以后，杭州陆地面积不断向外扩展，西湖因在钱唐县之西，通称西湖。唐长庆二年（822），白居易任杭州刺史，兴修水利，整治西湖，筑成"白堤"，同时写下了大量描绘西湖的脍炙人口的诗篇，西湖因之声名鹊起。

南宋建都杭州后，西湖"日益繁艳，湖上屋宇连接，不减城中"。《梦粱录》这样写道："台榭亭阁，花木奇石，影映湖山，兼之贵宅宦舍，列亭馆于水堤，梵刹琳宫，布殿阁于湖山，周围胜景，言之难尽。"著名的西湖十景即在此时形成。秀美的西湖让南宋统治者终日沉湎其间，歌舞升平，灯红酒绿，不能自拔，真是"暖风熏得游人醉，直把杭州作汴州"，而当时的中原之地为铁骑所践踏，陆游曾痛心疾首地说："三万里河东入海，五千仞岳上摩天。遗民泪尽胡尘里，南望王师又一年。"

到了元代，西湖被废弃，堤岸坍塌，湖中水草滋生，水深日浅，荒芜不堪。明代中叶重加疏浚，清康乾以后西湖逐渐恢复了唐宋旧观，但之后的很长一段时间是"山光湖塞"。中华人民共和国成立之后，多次疏浚、保护，西湖才完全摆脱往日的萧条景象，重获新貌。今日的西湖仍以其迷人的景色，迎接世界各国的游人。

（程森撰文）

来时瓦合，去时瓦解——临安瓦子

在我国宋代时期，城市商品经济日益繁荣，城市建筑和管理逐渐摆脱了传统市坊分离（即城市内市场与居民住宅不在一起，"市"有专门地点）和城市晚上实行宵禁（晚上固定时间之后禁止夜行）的政策，城市内各种市场空前发展。商品经济的发展刺激了城市文化娱乐生活的繁荣，一类固定的聚会玩闹场所——瓦子，在这时应运而生了。

瓦子又称瓦舍，又因其间有一定交易，也称为"瓦肆"，它是宋代城市内一种大型的综合性文艺演出集中之地。其间，拥有不同技艺的专业人士分别占有一块地方，每块地方或用绳索，或用栏杆，或用幕障隔

《清明上河图》之宋人市井场面

209

离，称之为"勾栏"。瓦子的得名，据南宋末年吴自牧《梦粱录》记载："瓦舍者，谓其来时瓦合，去时瓦解之义，易聚易散也。"瓦子不知起源于何时，早在北宋时期，都城汴京（今河南开封）即已有之，据孟元老《东京梦华录》记载，北宋崇宁、大观年间，已开始兴盛，汴京城内东角楼街巷著名的瓦子就有桑家瓦子、中瓦、里瓦、朱家桥瓦、州西瓦、保康门瓦、州北瓦等十余个。南宋临安的瓦子在数量上、规模上都超过了汴京。据《武林旧事》载，当时临安共有23处瓦子。其中城内5处，分别是南瓦、中瓦、大瓦（又名上瓦）、北瓦（亦名下瓦）和蒲桥瓦（亦名东瓦），以北瓦最大，有勾栏13座；城外有18处，分别是便门瓦、候潮门瓦、小堰门瓦、新门瓦（四通馆瓦）、荐桥门瓦、菜市门瓦、钱湖门瓦、赤山瓦、行春桥瓦、北郭瓦（又名大通店）、米市桥瓦、旧瓦、嘉会门瓦、北关门瓦（又名新瓦）、艮山门瓦、羊坊桥瓦、王家桥瓦、龙山瓦。城外瓦子大都分布于驻军营寨附近，是西北军卒娱乐嬉戏的场所，隶属殿前司。城内瓦子是市民游戏的地方，归修内司管辖。

瓦子和酒楼、茶坊一样，通宵营业。瓦子里玩闹的项目很多，有说话讲史、杂剧、傀儡戏、杂技、相扑、皮影戏、唱赚、踢弄、背商谜、学乡谈等表演，可谓热闹非凡。其中"说话讲史"是临安瓦子中最常见的娱乐节目之一。"说话"源于唐代的"俗讲"，元明时期称为"评话"，今天则称为"说书"。"说话"就是讲故事，在宋代它逐渐成为一个专门职业，说话人不仅可以在瓦子里开讲，而且在茶楼、酒肆都可以卖座。"讲史"简而言之，就是口述历史，当然所讲历史目的在于吸引听众，因而对于历史故事的选题很重要。讲史不用弦乐伴奏，专业艺人讲起故事来口舌如簧，绘声绘色，往往使人产生如临其境的历史现实感。

城市娱乐业的兴旺，也标志着普通市民阶层的壮大和城市生活、城市经济的活跃。瓦子繁荣了城市生活，也使一些城市青年子弟终日沉湎其中，吴自牧说瓦子在汴京时为"士庶放荡不羁之所，亦为子弟流连破坏之门。……杭城绍兴间驻跸于此，殿岩（殿前司统帅）杨和王因军士多西北人，是以城内外创立瓦舍，招集妓乐，以为军卒暇日娱戏之地。今贵家子弟郎君，因此荡游，破坏尤甚于汴都也"。意思是一些不谙世事的贵族子弟们，在瓦子里流连忘返，终日沉湎其间，败坏前程。总之，瓦子是南宋都城临安内的一个喧嚣的文化娱乐之所，在我国城市文化史上意义重大。

（程森撰文）

江南地区南北交通命脉——浙西运河

　　见过《清明上河图》的人，都会为张择端笔下的北宋汴河两岸的繁忙景象瞠目结舌，人们在欣赏画家独到画功的同时，也能想象汴河重要的交通作用。我国古代大都市的规划和建设无一不重视水上交通。南宋都城临安的繁荣，与水上交通线——浙西运河也是分不开的，浙西运河是都城临安联系江淮及长江沿岸地区的国家交通命脉。

　　浙西运河，也叫江南运河，因地处宋代两浙西路而得名，北起京口（今江苏镇江），绕太湖东岸达江苏无锡、苏州，南至杭州。早在春秋战国时代（公元前三世纪），因长江与钱塘江之间一带地势低平，河湖密集，就已出现了沟通河湖的人工河道。后经历代开凿、疏浚，浙西运河在隋代之前已初具规模。隋炀帝大业六年（610）重新疏浚和拓宽长江以南的运河古道，形成了沟通长江与钱塘江的浙西运河。

　　浙西运河"自临安府北郭务至镇江江口闸，六百四十一里"，纵贯太湖流域，全长400公里。早在隋代它就与通济渠和永济渠沟通了钱塘江、长江、淮河、黄河和海河的联系，形成了以洛阳为中心，向东北、东南成扇形展布的大运河水运体系。南宋时浙西运河更被统治者视为国家的生命线，南宋王朝曾多次派人进行大规模疏浚、整治。陆游在其《入蜀记》中说道："朝廷所以能驻跸钱塘，以有此渠尔！"元明两代浙西

运河旁的江南民居（1897 年）

运河又成为京杭大运河的重要组成部分，是江南物资运送都城北京的黄金水道，明代开始浙西运河改称"江南运河"。

中华人民共和国成立以后，经过不断改造、治理，现在江南运河从苏南入浙江，分有东、中、西三线。东线是古运河线，从平望经嘉兴、石门、崇福、塘栖、武林头到杭州；中线从平望经浙江乌镇、练市、新市、塘栖、武林头至杭州；西线从江苏震泽入浙，途经南浔、湖州、菱湖、德清、武林头至杭州。上述三线均通客货轮。以东线长度计算，全长 323.8 千米。航道大部分水深 2 米，底宽 20 米。江南运河水流平缓，流量丰富，是京杭运河运输最繁忙的航道。二十世纪八十年代，在杭州三堡建造船闸，兴筑江南运河和钱塘江的沟通工程，使它经钱塘江和杭甬运河相连，进一步发挥航运、灌溉、防洪排涝、居民用水、水产养殖和旅游资源的综合功能。江南运河是江南水乡的一道靓丽风景。

（程森撰文）

雷峰塔下白娘子

吴越国建都杭州共七十多年，虽距今遥远，但所留下的遗迹仍属不少，其中最为著名的遗迹之一是雷峰塔。

雷峰塔在杭州西湖南岸的雷峰山上，北宋开宝八年（975），吴越王钱俶因王妃黄氏得子而建，故称"黄妃塔"，又因此塔在西关外，亦名西关塔。雷峰塔原定要建造高1000尺的13层宝塔，用来供藏佛螺发髻（即释迦牟尼真身舍利的一种）和84000卷佛经。后因财力不济，改造7层，最后又因风水说的影响，只造了5层。雷峰塔以砖石为塔心，塔心之外建木构楼廊。自建成之日起，每当夕阳西下，塔影横空，景色醉人，因而成为杭州西湖十景之一。明朝嘉靖年间，倭寇入侵，雷峰塔遭纵火焚烧，仅存塔心。1924年9月25日下午1时半，雷峰塔因为挖砖之祸而倒塌，出土有木刻《宝箧印经》经卷和《华严经》石刻。

雷峰塔因与美丽动人的神话传说《白蛇传》有关而闻名海内外。《白蛇传》又名《白娘子传奇》《雷峰塔传奇》等，是中国四大民间传说之一。它讲述了修行千年的白蛇化为白娘子（白素贞），携青蛇小青来到杭州西湖，与药店伙计许仙（宣）相遇、相恋并结姻，又遭和尚法海横加干涉等一系列悲欢离合的故事。民间传说白娘子被法海镇在此塔之下，所以雷峰塔名声大振。关于白蛇的故事，早在宋元时期就已出现，但当时宋人话本《西湖三塔记》中的白蛇，还是一个善于用美色迷人的女妖，是一条可怕的吃人蛇精。直到明代冯梦龙的拟话本《警世通言》的《白娘子永镇雷峰塔》中，白娘子才演变成了一个勇敢善良有情有义的蛇仙。故事的演变反映了广大人民对人性解放的渴望，对封建礼教的怒斥。《白蛇传》是中华民族宝贵的精神文化遗产，传说中所保留的大量古代传统习俗，使其成为我国民俗文化信息最为丰富的口头遗产之一。

1924 年雷峰塔倒塌之后，鲁迅先生发表了著名杂文《论雷峰塔的倒掉》，以此塔为封建专制、吃人礼教的象征，对它的倒掉欢呼了一番，说了声"活该！"中华人民共和国成立后，邓拓先生来西湖游览时也留有《望雷峰塔》诗一首："映波桥上望雷峰，千古奇情有所钟。莫怪世人倾此塔，不教野佛逞凶锋。"诗的立意也站在同情白素贞这位美丽而忠贞的女子的立场上，赞扬了人们为颠覆封建势力而做出的不懈努力。

（程森撰文）

九 巴山蜀水锦官城，岭南沃土古越都

——成都和广州

割据政权的摇篮

　　成都和广州都是我国南方著名的大都市，历史上曾有多个政权在此建都，然而与中原王朝相比，在此建都的政权全为地方割据政权。各政权大多以成都和广州为中心，以四川盆地、岭南地区为依托，或与北方中原王朝抗衡，或在地方割据称雄。

　　成都位于四川盆地西部平原，已有两千三百多年的建城历史。公元前四世纪，古蜀国开明王朝自广都徙治成都，是成都为都的开始。成都之名，取周太王迁岐"一年成邑，二年成都"之意。公元前316年秦灭蜀后，设成都县，成都成为秦的蜀郡治所。西汉武帝时期，成都为巴蜀九郡的益州治所。东汉建武元年（25），公孙述占成都称帝，以成都为京师。章武元年（221），刘备又以成都为京师，益州、蜀郡、成都县均治成都。晋永兴元年（304），李雄据成都为王，后称大成皇帝，至咸和元年（326）李寿改国号为汉，均以成都为都城。永和四年（348），范贲称蜀帝，以成都为都城，次年为东晋灭。晋义熙元年（405），谯纵于成都称王，至413年为晋灭，仍以成都为都。唐代因为中原地区的安史之乱，都城长安、洛阳先后沦陷，玄宗西入蜀，至德二年（757）升成都为南京，蜀郡名义上归中央管辖。五代时期，前蜀王建、后蜀孟知祥均于成都称帝，以成都为京师。元代至正二十二年（1362），明玉珍又于四川割据称帝，以成都为都，国号夏。明末崇祯十七年（1644），农民起义军领袖张献忠又于成都称王，国号大西，以成都为西京。

1 武担山开明王宫废址
2 王建墓
3 通惠门古城址
4 惠陵
5 望江楼古城址

成都及附近地区皇城、皇陵示意图

　　广州位于广东省中部，珠江三角洲顶端，是古代"三朝十帝"的都城所在。所谓三朝即西汉初年的南越、唐末南汉和明末的南明政权，全为地方割据政权。南越（前204—前111）历赵佗、赵胡、子婴、赵兴、建德五世93年而亡。南汉（917—971）共历四帝54年而亡。南明唐王朱聿鐭于顺治三年（1646）十一月立于广州，但同年十二月二十五日即被清军俘虏，当晚自缢而死，历时仅40天。先秦时期，广州已有番禺国，故广州又称番禺。广州一名起于吴黄武五年（226），孙权以岭南地区太广，不易管理，从吕岱议分交州为二，合浦以南为交州，以北合浦、郁林、苍梧、南海四郡为广州。至六朝时候，广州已成为南方巨镇，《晋书·吴隐之传》称："广州包带山海，珍异所出，一箧之宝，可资数世。"

　　历史时期成都、广州之所以有众多的割据政权建立，与其所在地区独特的自然地理环境和政治地理区位有很大关系。

217

成都地处四川盆地，盆地内除东部有几条平行山岭和其他低山丘陵分布外，基本上是平原广布。境内水资源丰富，气候温湿，在开发得力基础之上，农业经济发展潜力巨大。早在秦人吞并巴蜀之前，巴蜀文明就绵延不绝，秦并巴蜀之后大力发展水利事业，秦蜀守李冰主持修筑的都江堰工程在两千多年之后仍发挥着极为重要的灌溉作用。秦人后来正是依靠巴蜀丰富的物质基础，才增加了统一天下的砝码，故史称"秦并巴蜀而愈强"。秦汉之后，"天府"之名逐渐由关中平原转入四川盆地，由此说明成都平原的物产富饶。在盆地四周则有崇山峻岭与外隔绝，北有剑门之险，东有三峡之阻，南有娄山关与滇、黔相隔。良好的经济基础，险要的军事地理形势，使四川盆地成为历代割据王朝的温床、中原王朝的避难之地。

广州同样如此。珠江三角洲平原水网密集，土壤肥沃，气候湿热。秦汉之前为百越聚居之地，一片蛮荒。北有五岭与中原王朝隔绝，南有茫茫大海，形成了背山面海的局势，是天然的封闭之地。在早期交通不甚发达的时代，翻越五岭成为险途，一旦中原王朝纷争不断或国力孱弱的时候，也极易形成割据政权。如汉初南越政权依靠地理险阻割据自保，直到武帝时期汉王朝国力强盛才将其覆亡。良好的自然地理形势和经济基础使成都和广州都成了历史时期地方割据政权的摇篮。

（程森撰文）

石牛粪金

唐代诗人胡曾有《金牛驿》诗云："山岭千重拥蜀门，成都别是一乾坤。五丁不凿金牛路，秦惠何由得并吞。"此诗所咏的是古代巴蜀与关中地区的重要交通线——金牛道。

历史时期四川盆地因四周崇山峻岭、高峡幽谷的阻塞，与世隔绝，被称为"四塞之国"。由于秦岭天堑的横隔，蜀地与中原地区的沟通交往极为困难，这一方面使巴蜀文明能独立发展，另一方面中原王朝要想夺取巴蜀也是难上加难。东周以后，尤其是战国时期，秦、蜀两国之间想要取得实质意义上的联系，直接打通秦岭的阻断，就显得势在必行了。金牛道的开凿正是在这个历史时期。然而，

古金牛道

要想从正面打通秦、蜀之间的通道，在秦岭天堑的绝壁沟壑间凿石筑路，其工程之艰险，耗费之巨大，在今天的人们看来，简直是匪夷所思！为此，两千多年来，"金牛道"工程始终被蒙上一层神秘幕布，留下了充满神奇和荒诞色彩的传说。

金牛道的得名，源于石牛粪金、五丁开道的传说，所以也被称为石牛道，又称南栈道或蜀栈。石牛粪金、五丁开道的传说最早见于西汉扬雄所作的《蜀王本纪》，其后常璩的《华阳国志》和郦道元的《水经注》等古书都有记载。大意是战国中后期，秦国国力强盛，内治外拓，秦惠王为进一步发展国力，便想攻取巴蜀。而当时蜀国是第十二世开明王当政，蜀王荒淫无道，蜀国国力衰退，正是伐蜀良机。秦惠王苦于崇山阻隔，无路可通，于是心生一计，请人凿刻了五个巨大的石牛，在石牛的尾巴下边置放了一些黄金，扬言石牛能粪金，以赠送蜀王。蜀人一见之下，以为是天上神牛，能屙黄金。蜀王大喜，便派国中五个有移山倒海之力的著名大力士，开山辟路，一直将石牛拖回成都。这就是"五丁开山"

剑门关

的传说。而这条拖送石牛的道路，就是古金牛道，也是剑门蜀道最初的来历。道路修成之后不久，秦惠王就派了张仪、司马错、都尉墨等率大军，从石牛道进兵，三个月内灭了巴国和蜀国。

金牛道的大致走向是起于今陕西勉县西南，翻越七盘岭入四川境，经朝天驿直到剑门关。然而战国时期的具体线路已难确考，今日的金牛道已远非秦汉时期旧路。从元代开始，历经明清两代，学者们多把汉代川陕间的官驿大道，也就是从陕西宁强县的大安镇、烈金坝折而向南，溯五丁峡（亦称金牛峡），过五丁关，经宁强、黄坝驿、牢固关、七盘岭进入四川，再经神宣驿、龙洞背、朝天镇顺嘉陵江至四川广元，由广元折西南入剑门，或直南经阆中以达成都的道路称为金牛道，此道全长一千二百多里。然而经现代学者研究，唐宋时期人们对金牛道的认识以及当时作为国家驿道的金牛道的具体走向，都与元明清时期有所区别。当时金牛道上的金牛驿至朝天驿间，不取南折金牛峡、五丁关、七盘岭之线，而是由金牛驿继续向西南至当时的三泉县，即今阳平关以西十里的唐渡村附近，折南顺嘉陵江岸至朝天驿，再南过广元、益昌（今昭化老城），入剑门，去成都。唐代一些历史地理著作也均以褒谷南口和剑门关附近的道路为金牛道、石牛道。如唐代杜佑的《通典》就说："益昌，古剑阁道，秦使司马错伐蜀所由，谓之石牛道。"唐宋时期本就比明清时期距离秦汉时期为近，而且经现代学者考证，唐宋时期人们认为的金牛道路线与古金牛道最相符合。

唐宋时期皇帝、官员以及文人学士来往川陕，多取金牛道。安史之乱时，唐洛阳、长安两京均被叛军攻取，唐玄宗即由此路仓皇逃往成都。唐末黄巢起义时，唐僖宗又取傥骆道、金牛道逃往成都。正因如此，唐至德二年（757）将成都升为"南京"，成为陪都之一。由此可见，金牛道的开通对于古代以成都为中心的四川盆地与中原王朝的沟通意义重大。一方面，中原王朝凭借金牛道等交通线，将巴蜀纳入中原王朝的版图；另一方面，金牛道的开凿也加速了巴蜀地区与中原地区的经济、文化交流，对于我国西南地区的经济、文化发展做出了不可磨灭的贡献。

（程森撰文）

"与咸阳同制"的龟化城

金牛道开通后，公元前316年，秦军在张仪、司马错的率领下沿金牛道浩浩荡荡翻越秦岭，进入川中，很快攻灭了开明蜀国。随后秦置蜀郡，以成都为郡治。开明王朝的都城本在成都，但多数学者对于那时的成都是否有城，持不同意见。一般都认为成都建城是在秦惠文王派张仪、司马错灭蜀之后，以张仪修筑成都城作为成都建城史的开端。于灭蜀后五年，张仪在成都筑郡城。张仪所筑成都城又名龟化城，龟化城的得名还有一段较为神奇的故事。

晋代干宝的《搜神记》据《蜀王本纪》说："张仪筑成都城，屡颓。忽有大龟浮于江，至东子城东南隅而毙。仪以问巫，巫曰：依龟筑之。

便就，故名龟化城。"其大意是：张仪筑成都城，每筑一次便倒塌一次，正当一筹莫展的时候，从江中游来了一只大乌龟，乌龟游至东子城东南角附近时突然死亡。张仪觉得事有蹊跷，便去询问巫师，巫师占卜后告诉他，依照大龟的式样筑城，城就不会塌。张仪依计而行，果然所筑城墙都不再倒塌，很快将成都城建造成功。成都城又被称为龟化城，即来源于此。这些虽属神话故事，但抛开神秘色彩，或许张仪所筑成都城的形状就是像乌龟。张仪极有可能依据山川地势规划成都城，最终建成了龟形城，正如宋人赵抃的《成都古今集记》所云："初仪筑城，虽因神龟，然亦顺江山之形。"

张仪所筑成都城在我国古代城市规划史上占有重要地位，原因是成都城的规划与秦都城咸阳城的规划是同制的。据《华阳国志·蜀志》记载："（秦）惠王二十七年（前311），（张）仪与（张）若城成都。周回十二里（约今5227米），高七丈（约今17.1米）。……造作下仓，上皆有屋，而置观楼射兰。……营广府舍，置盐、铁、市官并长、丞；修整里阓，市张列肆，与咸阳同制。"扬雄《蜀王本纪》也说："秦惠王遣张仪、司马错定蜀，因筑成都而县之。成都在赤里街（按：在大城南门内），张若徙置少城内，始造府县寺舍，令与咸阳同制。"可见，成都城的规划确实模仿了秦都咸阳的规划布局。秦都咸阳城因渭河的冲蚀故迹全无，一度给其研究带来极大的困难，后世学者则根据成都城的规划来推知秦咸阳城的规划布局。

成都城分大、小二城，大城也称为太城，小城则称为少城。清顾祖禹《读史方舆纪要》载："张仪即筑大城，后一年又筑少城。"经学者考证，成都小城位于大城的西面，大城置官府、民舍，是政治、军事中心，小城则多置商肆，为商业区。小城和大城都有九个城门和九条大道。这种布局几乎与春秋战国时代中原大国都城的布局形式一模一样。所以有学者以此来推断秦都城咸阳的规划布局也是西城东郭，城和郭都是坐西朝东的。这就为秦都城咸阳的城市研究揭开了新的一页。虽然近来随着秦都咸阳考古研究的不断发展，学术界对这一观点有所异议，但在成都城与咸阳城的规划相似这一点上，没有争议。

（程森撰文）

成都"旱八阵"

提起成都，人们便会想起诸葛亮。在民间，诸葛亮是智慧的化身，是一代贤相，也是神。诸葛亮以其高深的智慧、忠诚的品格，成为人们顶礼膜拜的偶像。作为古代杰出的军事家，诸葛亮一生研究兵法，有一套优秀的军事理论。同时，诸葛亮又谙熟中国古代战阵，史籍记载诸葛亮曾使用过的战阵有长蛇阵、三才阵、五行阵、八卦阵、七星阵等。诸葛亮所用战阵的实际遗迹之一就是历史上赫赫有名的"八阵图"。八阵图遗迹有多处，其中以古鱼复县（今重庆奉节）的"水八阵"和今成都市北三十里许的青白江区弥牟镇的"旱八阵"最为著名。

对于长江边的水八阵，后世人们耳熟能详。水八阵据说当夏季长江水涨之时，整个阵都会被水淹没；但当秋季水位下降时，八阵图又会完好无损地浮出水面，阵中的石头和沙子却纹丝不动，十分神奇。文人墨客对此亦不乏诗歌描述，如唐代大诗人杜甫《八阵图》云："功盖三分国，名成八阵图。江流石不转，遗恨失吞吴。"唐刘禹锡《观八阵图》也说："轩皇传上略，蜀相运神机。水落龙蛇出，沙平鹅鹳飞。波涛无动势，鳞介避余威。会有知兵者，临流指是非。"对于成都附近的旱八阵，人们却知之甚少。

221年，刘备在成都称帝，封诸葛亮为丞相兼益州太守。刘备在成都厉兵秣马，丞相诸葛亮更是废寝忘食地训练士卒。弥牟镇旱八阵始建于221年，占地95亩，是诸葛亮的"演兵场地"和"治戎讲武"之所。新都是拱卫成都的北大门，蜀国在弥牟镇、清白江畔均驻有重兵，诸葛

223

诸葛亮

亮六出祁山之兵大多由此调往前线。据《纬略》记载："八阵图在新都者，峙土为魁，植以江石，四门二首，六十四魁，八八成行，两阵并峙，周凡四百七十二步，魁百有三十也。"经学者考察，弥牟镇的这个旱八阵是一处占地 1.6 万平方米的宏伟遗迹，不过当时的六十四魁中的土堆如今只剩下六堆（其中一堆仅存一半）。这些土堆最高的有 7 米，周长可达 20 米，小的土堆则只有几米。整个阵如迷魂阵，结构紧密，似乎有着变幻无穷的神秘，反映了古人的八卦思想。史书记载："八阵者，象八卦以定位，因井地而制形，兵之纪律也。武侯推演，尽得其妙。"

孙子兵法中已有八八六十四阵。史称武侯"据兵法推衍为八阵图"，说明八阵古已有之，但推衍成图，则是诸葛亮的功劳。诸葛亮既有优秀的军事理论，又有丰富的实战经验。后世有许多军事将领曾用诸葛亮的八阵阵法克敌而功效卓著，如晋马隆依八阵图作偏厢军攻克凉州，后魏刁雍曾用以抵御北方少数民族柔然的进犯。对八阵图研究最为透彻并加以灵活运用的军事将领，当推唐代初期的常胜将军李靖，他从八阵图中演化出六花阵对敌，战无不胜。南宋陆游在成都做地方官时仰慕诸葛亮八阵图之名，竟也带兵到旱八阵中操练，并写诗云："野火炎高岗，江云暗空成。角弓寒始劲，霜鹘饥更怒。邂逅成小猎，尺棰聊指呼。北连武侯祠，南并稚子墓。合围蹙穷鹿，设伏截狡兔。壮哉带箭雉，耿介死不顾。"

在成都地区有关旱八阵的传说不断，有些传闻近乎诡异。如传说明末张献忠撤离成都时，一天途经弥牟镇，官军由四周杀来，正当张献忠无计可施之时，却见一鹤发童颜的老者，轻摇羽扇，神情安详，端坐前方。张献忠赶忙上前询问突围之路，老者羽扇轻指，张献忠便带兵由八阵图的入口进去，最后又从出口逃离。而官军进入八阵图后却忽觉迷雾重重，乌云翻滚，64个土堆变成了高山峡谷，官军在其间左冲右突，人困马乏，直至次日黎明才发现竟在64个土堆中冲杀了一夜。

（程森撰文）

广州早期建城史和城址变迁之争

作为三朝古都的历史文化名城广州，有着两千多年的建城史。广州城市形成之后便成为我国的南大门，是岭南地区政治、经济、文化的中心，两千多年来从未间断。广州早期城市建设几经曲折，对于广州城址的变迁问题，近来学者们有不少争论。

南武城、楚庭、五羊城、任嚣城和赵佗城是广州早期建城史上不可回避的几个重要名称。据东汉赵晔的《吴越春秋》记载，春秋战国时期吴国势力逐渐发展至岭南地区，吴王阖闾占据岭南后，在广州附近筑城，称南武城。也有称南武城是吴王子孙因避居岭南而筑。此后，越国攻灭吴国，南武城属越。楚国灭亡越国之后，越王子孙也避居岭南，再次修补吴人南武城。到了南越王赵佗时期，南武城已破败不堪，赵佗在其故址又重新修城，也称为南武城，所以赵佗自称南越武王，其宫殿称为南武宫。楚庭也是广州的别称，且与"五羊衔穗"的故事联系密切。楚国灭越后，岭南之地尽为其掌握，当时驻军之地称为楚庭。晋代顾微的《广州记》云："昔高固为楚相，五羊衔谷莘于楚庭，故图其像为瑞。"宋代乐史所纂《太平寰宇记》也说："周时南海有五仙人，衣五色衣，骑五色羊，来集楚庭，各以谷穗一茎六出，出留与州人。"所以也有学者

五羊石像

据此认为楚庭是楚人官衙一类建筑物，而且楚庭有城保护。后世因五仙及羊仙集于楚庭，土人就于该地建造祠堂祭祀，约在今广州广大路附近。对于楚庭的确切归属，学者们虽有不同意见，但广州因而有楚庭之名则无异议，又因有五羊衔穗的传说，广州又被称为羊城（或五羊城）。南武城与楚庭均无考古证据，学术界多以任嚣建城作为广州建城的开始。

秦始皇统一六国之后，随即着手平定南方百越地区。始皇二十八年（前219），秦始皇派屠睢为主将、赵佗为副将率领50万大军平定岭南，屠睢因为滥杀无辜，引起当地人的顽强反抗，被当地人杀死。秦始皇重新任命任嚣为主将，和赵佗一起率领大军经过四年努力，于始皇三十三年（前214）完成平定百越的大业。随后秦在其地设三郡，其中岭南地区主要为南海郡（其余二郡为桂林郡和象郡），以番禺县为郡治。任嚣被任命为南海尉，随即在广州筑城，该城即被称为任嚣城。任嚣城距今已有两千二百多年的历史，学术界多以它作为广州建城的开端。据宋代文学家方信孺《南海百咏·任嚣城》诗序引《番禺杂志》云："今城东二百步，小城也。始嚣所理，后呼东城，今为盐仓，即旧番禺县也。"则宋时任嚣城尚有遗迹，北宋所建番禺县即在任嚣城附近。

秦朝末年，天下大乱。公元前208年，任嚣病重，临死前让时任龙川（今广东龙川县）令的赵佗接任南海尉之职。秦朝灭亡后，赵佗起兵兼并桂林郡和象郡，在岭南地区建立南越国，自称"南越武王"，定都番禺（今广州市）。赵佗建立南越国后随即着手都城的兴建，赵佗建造的广州城称为赵佗城或番禺城（因有番山、禺山而得名）。赵佗城是指扩建南武城后的番禺城而言，又称越城。其前身包括任嚣城，但稍显局促，所以立国时要扩建。元代《南海志》记载："州（广州）之东，旧有赵佗城古迹，颓垣废垒而已。余襄公诗云'千古犹存古越城'，即其地也。"说明元代尚有赵佗城遗迹，但已破败不堪。南越国定都广州，无疑为广州城市的发展带来了前所未有的契机，秦汉时期番禺即为当时的南方大都会之一，《史记》称番禺为当时中国的九大都会之一，有"珠玑、犀、玳瑁、果、布之凑"。

广州自任嚣建城以来，历经两千多年的发展，由最初的岭南蛮荒之地，逐渐成为岭南地区第一都会，如今更是我国屈指可数的国际化大都市之一。对于广州各时期城市建设、规划等问题，学术界多已弄清楚，然而对于历史时期广州城址变迁问题颇有争议。大部分学者认为广州自秦番禺城以来，虽然在历史时期饱经风霜，但中心城址两千多年一直未变。广州作为岭南文化的中心城市，其发展在时间上从未间断，在空间上也没有迁移过，城市功能长期稳定。如果按此种说法，则广州的确是我国城市发展史上不多见的典型。但吴宏岐教授经过详细考证后认为，从西汉武帝元鼎六年（前111）平南越后至东汉献帝建安二十二年（217）交州刺史步骘重修番禺城，共计327年，西汉、东汉两代大部分时间内，岭南地区尤其是珠江三角洲地区的政治中心实际上在今广州城南50里的番禺区市桥北一带的新番禺县城。照此而言，则广州城址二千多年不变的说法就可能与历史事实不符。孰是孰非，尚有待进一步研究，但不管怎样，学术争论丝毫不会削弱广州作为历史文化名城的古老性。正因为历史发展的曲折性，才为今天的广州人留下了如此绚烂的历史文化遗产。

（程森撰文）

赵佗归汉

赵佗（？—前137），真定（今河北正定）人。赵佗是秦朝著名将领，南越国创建者，号称"南越武王"。

秦始皇统一六国之后即着手平定南方百越之地（今广州、广西、贵州、云南及湖南南部等地的少数民族地区），始皇二十八年（前219），秦始皇派屠睢为主将、赵佗为副将率领50万大军进军百越。后屠睢被当地人杀死，秦又派任嚣为主将。经过四年多的苦战，最后于三十三年（前214）完成了平定南方百越地区的大业，在百越故地设立了南海、桂林、象郡三郡，大将任嚣被委任为南海郡尉。南海郡下设博罗、龙川、番禺、揭阳四县，赵佗被委任为龙川令。赵佗到龙川上任后，采取"和辑百越"的民族政策，并上书秦始皇，要求从中原迁居50万居民至南越，加强汉越的民族融合。秦朝末年，中原农民起义不断，六国旧贵族也乘机起兵，天下大乱。为求自保，南海尉任嚣在病重时让赵佗接任南海尉，同时告诫他："且番禺负山险，阻南海，东西数千里，颇有中国人相辅，此亦一州之主也，可以立国。"认为南海郡负山带海，有险可据，建议赵佗割据此地，建立政权，以抵抗北方农民起义军的侵犯。

南越王赵佗像

赵佗接任南海尉后，随即命令各处关隘闭关封道，集结兵马；同时借机杀掉秦朝安置在南海郡的官员，换上自己的亲信。汉高帝元年（前206），赵佗起兵南海郡，兼并了桂林郡和象郡，在岭南地区建立南越国，自称"南越武王"，定都番禺。南越国的疆土，北至南岭（今广东北部、广西北部和江西南部一带），西至夜郎（今广西、云南大部），南至海（今越南中部和北部），东至闽越（今福建南部）。赵佗建立南越国后仍推行其各民族和睦相处的政策，国力日强。当时北方战火不断，岭南却是安定之地。

汉高祖刘邦扫平北方割据势力之后，由于中原地区长期战乱，各地经济凋敝，百姓劳顿，汉王朝国力尚属微弱，于是决定不用武力讨伐赵佗，而是采取怀柔政策争取赵佗的归附。汉高帝十一年（前196），刘邦派遣大夫陆贾出使南越，劝赵佗归汉。在陆贾劝说下，赵佗接受了汉高祖赐给的南越王印绶，臣服汉朝，使南越国成为汉朝的一个藩属国。此后，南越国和汉朝互派使者，互相通市。刘邦成功地通过和平的方式，使得赵佗归顺，使汉朝南部边疆少了一个敌对势力，而南越国也因此免去一场兵火，这对于岭南地区的开发起到了重要作用。

然而好景不长，刘邦去世后，吕后秉政，这位历史上有名的女性政治家，在其主政的短短几年，便与南越交恶，颁布了禁止向南越出售铁器和其他物品的禁令。赵佗认为："高帝立我，通使物，今高后听谗臣，别异蛮夷，隔绝器物，此必长沙王计也，欲倚中国，击灭南越而并王之，自为功也。"赵佗认为是高后听信长沙王的谗言，将自己区别待之，长沙王有依仗汉朝势力并吞南越之心。高后甚至派人毁掉了赵佗的祖坟。最终，赵佗先发制人，宣布脱离汉朝，自称"南越武帝"。同时出兵攻打长沙国，并在攻取长沙国与南越的边境数县后撤回。吕后也随即派将军周灶前去攻打南越，但正当南方暑热天气，北方军人不习水土，纷纷病倒，异常艰辛，最后连南岭也没有越过。一年后，高后病故，双方罢兵。汉朝军事上的失利，自然助长了南越的强大，赵佗凭借其军队扬威岭南，并通过贿赂的方式，使得闽越、西瓯和骆越都纷纷归属南越，南越疆土达到顶峰，形成了与汉朝对立的强大政权。

南越国虽然在岭南日益强大，但与中原发达的经济、文化相比，仍

是蛮荒之地，在北方混乱，或中原王朝实力尚弱的时期，还能割据一时。但一旦北方中原王朝实力增强，南北方的形势便会很快逆转，我国历史上南方许多割据势力的消亡多是因为这种缘故。赵佗自己也明白，甚至在后来给汉文帝上书中也称自己为"蛮夷大长老"。汉文帝即位后，推行休养生息的政策，汉王朝国力日渐恢复；在政治上他仍采取对南越的怀柔政策，派人多次重修赵佗的祖坟，并让赵佗的堂兄弟们担任要职。接着文帝再次派陆贾入南越，说服赵佗放弃帝号，归降大汉。赵佗几经考虑，最终放弃了帝号，认为先前"妄窃帝号"，只是"聊以自娱"。赵佗再次向汉朝称藩。汉武帝建元四年（前137）赵佗去世，享年一百多岁，葬于番禺。赵佗死后，其后代续任了四代南越王，一直到武帝元鼎六年（前111），南越国被汉朝所灭。

赵佗从始皇二十八年作为秦始皇平定南越的50万大军的副帅，一直到汉武帝建元四年去世，总共治理岭南达八十多年。其间由于他一直实行"和辑百越"的政策，促进了汉越民族的融合，并把中原地区的先进文化带到了百越之地，为我国南方地区的开发做出了重要贡献。

（程森撰文）

岭南第一古刹——光孝寺

被称为岭南第一古刹的光孝寺坐落于今广州市光孝路，它是岭南地区最古老、规模最为宏大的一座寺院。历史时期光孝寺高僧辈出，声名远播，在中国佛教史、中印文化交流史上占有重要地位。光孝寺又因与佛教禅宗初祖菩提达摩及六祖慧能的渊源深厚，而在禅宗史上写下了辉煌的一页。

光孝寺是岭南四大丛林（光孝、六榕、海幢、华林）之一，历史悠久，广州民谚就有"未有羊城，先有光孝"。该寺最初是南越王赵佗第三代子孙赵建德的住宅。三国时吴国骑都尉虞翻因忠谏吴主孙权，被贬广州。虞翻来到广州后，住在赵建德住宅地，并扩建住宅讲学。虞翻死后，其家人舍宅为寺，命名"制止寺"。唐宋时期，改为"报恩广教寺"。南宋绍兴二十一年（1151）改名光孝寺，一直沿用至今。

光孝寺在中国佛教史上享有重要地位。佛教最初产生于印度，它向中国的传播主要有三条路线：一是唐代玄奘法师所走的古丝绸之路，二是通过今四川、云南到印度的线路，三是由广州沿海前往印度的海路。光孝寺就处在第三条路线的交通要道上。从东晋到唐代，无论是去西天求法的高僧，还是东来弘法的经师，凡走这一路线者，大多在光孝寺驻锡。东晋安帝隆安五年（401），西域名僧昙摩耶舍到广州传法讲学，在此建大雄宝殿，奉敕译经传教，改寺名为"王苑朝廷寺"，又称"王园寺"。自此以后，又有许多名僧来此传教。南朝宋武帝永初元年（420），求那跋陀罗到寺中创建戒坛，称"制止道场"。南朝梁武帝天监元年（502），天竺高僧智药从印度带来一株象征智慧的菩提树，种于制止道场戒坛前。普通七年（526）至大通元年（527），西天禅宗第二十八代祖师、"东土"（中国）禅宗初祖菩提达摩带释迦如来之衣钵来到光孝寺传法，名声大振，被梁武帝迎请至建康（今江苏南京）。梁武帝大同十二年（546），中国佛教四大译经家之一的真谛三藏（499—569），应梁武帝邀请来到广州，两年后至建康，在辗转游历了今苏、浙、赣、闽等地后，最终又回到了广州。在广州刺史欧阳颁父子的支持下，于制旨（制止）寺，即光孝寺，专心译经。

光孝寺最引以为自豪的是与禅宗六祖大师

光孝寺

慧能的一段法缘。慧能从禅宗五祖弘忍处得到秘传后，即携其衣钵，从黄梅来到岭南。经过长达十余年的隐遁，慧能于唐仪凤元年（676）来到法性寺（即光孝寺），听印宗法师开讲《涅槃经》。有一次逢风吹幡动，两个僧人为此争论不休，一个说是风动，一个说是幡动。慧能走过来说，既不是风动，也不是幡动，而是你们的心在动。此语一出，惊动四座。这也成了禅宗史上的著名公案。印宗法师当即便知慧能非凡人，一问才知果是禅宗法嗣，当即在当年智药和尚种的菩提树前为其剃发染衣，并由智光依戒律授具足大戒，慧能正式出家。第二年，慧能即到韶关宝林寺创立了禅宗南派。光孝寺因此被称为禅教"最初福地"。

光孝寺也因寺内景点众多而成为广州旅游名胜区。光孝寺内主要景点有六祖殿、瘗发塔、风幡堂、东铁塔、西铁塔、大雄宝殿、天王殿、

洗钵泉

钟楼和鼓楼等。其中尚存的文物古迹有：始建于东晋的大雄宝殿，南朝达摩开凿之洗钵泉，唐慧能六祖的瘗发塔，密乘之陀罗尼石经幢，南汉铸造的千佛铁塔，宋时修建的伽蓝殿、六祖殿，以及碑刻、佛像、菩提等。寺院气势雄伟，殿宇优美庄严，不愧为我国建筑艺术之瑰宝。光孝寺及其遗存的文物，对于研究中印文化交流，中国佛教史、文化史、建筑史，以及广东地方史，都具有相当高的价值。1961年，国务院公布光孝寺为全国重点文物保护单位。1986年3月，由国务院批准，将光孝寺归还佛教团体管理。

（程森撰文）

"海上丝绸之路"的起点

丝绸是我国古代人民的伟大发明，在历史时期不仅作为国内贵族阶层的奢侈品，也是畅销海外的重要外贸商品。丝绸的对外输出形成了举世闻名的"丝绸之路"。我国陆上"丝绸之路"的起点在长安（今陕西西安），"海上丝绸之路"的起点则在广州。

"丝绸之路"虽以丝绸为名，但是其他货品的对外输出也不在少数，"丝绸之路"是历史上中外贸易交通线的代名词。我国古代陆上"丝绸之路"主要由长安出发，经甘肃河西走廊，进入新疆，翻越帕米尔高原进入中亚、西亚和欧洲等地。"海上丝绸之路"则由广州出发，由南海航行至东南亚、南亚、西亚和非洲等地。

早在新石器时代晚期（距今四五千年前），我国东南沿海一带的越人，就已向太平洋群岛活动、迁徙。今广东南海西樵山发现的这个时期百越民族制作的石器——双肩石斧，已远运至东南亚各地。这说明那时越人就已与东南亚地区有海上交往。据学者研究，先秦时期番禺已成为南方重要的外贸港口，是当地的中心城市。越人的犀角、象牙、翡翠、珠、玑等货物

都在此集散。可以说，先秦时期，"海上丝绸之路"的雏形已经形成。

秦汉时期，"海上丝绸之路"逐渐繁盛，海外贸易已至印度。赵佗定都番禺后，番禺成为南方第一大都会，也是当时全国的九大都会之一，司马迁在《史记》中记载番禺主要的交易商品有六种，即珠、玑、犀、玳瑁、果、布。《汉书·主父偃传》云："将吏相疑而外市，故尉佗、章邯得成其私。"说明秦末赵佗等边关将领已开设关市，获利丰厚。汉武帝时期在广州之外又增设三个出海港口，即日南、徐闻、合浦三港。班固在《汉书·地理志》中详细记载了当时"海上丝绸之路"的航线和航程。根据班固的记载，当时的海外贸易已达印度，东南亚地区出现了许多国际贸易港，甚至罗马商人也远道而来开展贸易。

两晋南北朝时期广州已是海外贸易的中心。这一时期由广州出发直接对外贸易的地区包括南海诸岛国，贸易范围扩大至印度、大秦国（古罗马）。广州在这一时期繁荣昌盛，富冠全国，据《晋书·吴隐之传》云："广州包山带海，珍异所出，一箧之宝，可资数世。"

到了隋唐五代，广州已是世界著名的大港口，"海上丝绸之路"处于全盛时期，中国船只可由广州出发，直接航往东南亚、印度、波斯、大食（阿拉伯帝国），然后换船至红海到达埃及等地。广州外贸使得唐政府经济收入丰厚，以至于黄巢起义后期，黄巢占领广州，希望做岭南节度使，唐政府认为"贼得益富，而国用乃屈"而不准。

南汉以广州为都，割据自立，不向中央纳贡，海外贸易仍旧发达。

宋、元时期，以广州为起点的"海上丝绸之路"仍在不断拓展、延伸。元顺帝时（1333—1368），曾旅行中国的摩洛哥伊本·巴图塔在其《游记》中说："秦克兰（广州）者，世界大城市之一也。市场优美，为世界各大城市所不及。"

明清时期，由于实行闭关锁国政策，海禁严格，我国的海外贸易跌至低潮，但广州仍然是唯一的对外贸易口岸。

（程森撰文）

十 茫茫沙漠广，渐远赫连城

——夏国都统万城

大漠奇迹

在陕西与内蒙古交界处的陕西靖边县红墩界乡白城子村沙漠中，矗立着一座废弃的古城，这就是历史上十六国时期匈奴族所建夏国的国都——统万城。骁勇善战的匈奴族早已消失在历史的进程中，这座距今一千六百多年的古城也在千年风雨和战火狼烟的侵袭下变得满目疮痍，留下的是人们对远去文明的无限遐想！

统万城又称赫连城，是匈奴族铁弗部首领赫连勃勃所建，定名为统万，是取"统一天下，君临万邦"之意。赫连勃勃的曾祖、祖父、父亲分别在十六国时期的前赵、后赵、前秦等政权中做过官，统治过古朔方郡的大片土地。赫连勃勃的父亲刘卫辰曾雄踞朔方。后秦姚苌以卫辰为

统万城遗址

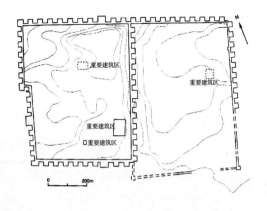

统万城内城图

大将军、大单于、河西王、幽州牧。

　　刘卫辰割据鄂尔多斯南隅，多次攻打北魏。后来北魏势力渐强，登国六年（391），魏太祖拓跋珪打败刘卫辰，刘卫辰战死。刘卫辰三子勃勃逃亡，辗转投奔后秦，秦王姚兴对他非常器重，说他有"济世之才"，遂命为安北将军，镇守朔方。东晋义熙三年（407），27岁的勃勃与后秦反目，自称天王大单于，建元龙升。他认为匈奴是夏后氏的后裔，故国号为夏，又以"帝王者，系天为子，是为徽赫，实与天连"，改姓赫连。

　　赫连勃勃经过东征西战，逐渐控制了鄂尔多斯高原及其周边大部分地区，于夏凤翔元年（413）征发十万人开始营建国都。工程由叱干阿利主持。据历史文献记载，叱干阿利残忍刻薄，在检查施工质量时用铁锥刺城墙，若铁锥入土一寸，即杀民夫，并将尸体筑入墙内。

　　417年，也就是夏建国后的第十年，赫连勃勃以一系列摧枯拉朽的军事行动使夏达到全盛时期：他率兵南下攻克咸阳，继而挥戈东进占据长安。次年十一月于灞上筑坛称帝，改元昌武。昌武元年（418），统万城建成，其南望关中平原，北控辽阔的大漠草原。年底，赫连勃勃回到统万城。此时夏的疆土"南阻秦岭，东戍蒲津，西收秦陇，北

统万城墙垣遗址

薄于河",包括今天的陕北、关中、甘肃东部以及内蒙古河套地区,为北方一大强国。

425年,连年征战的赫连勃勃病死在亲手缔造的统万城中,时年45岁。在他死之前几年,他的儿子们已经早早开始了争夺皇位的斗争,夏也因此显出衰落的迹象。赫连勃勃以后,赫连昌继位。赫连昌承光三年(427),统万城为北魏军队攻破,不复为都,统万城作为都城只有短短的九年。

不过夏亡后,统万城并没有毁弃,历经北魏、西魏、北周、隋、唐,先后作为夏州、朔方郡治所,仍然发挥着重要的政治军事作用,是鄂尔多斯高原南部地区政治、军事重镇。北宋淳化五年(994),宋太宗下诏废毁统万城,但被西夏所据,谓之"平夏城",李继迁徙绥州吏民之半入住。

元朝建立后，统万城被彻底废弃，以后未再设州置县。统万城也渐渐寂然无闻，被世人遗忘，不见于同时期的文献记载。

过了将近六百年，时任陕西怀远县（今陕西横山县）知县的何丙勋奉榆林知府徐松（一说李熙龄）之命于清道光二十五年（1845）前往这一地区寻找史书中记载的统万城遗址，发现并初步调查了这座显赫一时的古城。在写给徐松的调查报告中，何丙勋对夏故都进行了较为详细的描述，统万城遗址才逐渐为人所知。

统万城遗址全部为夯土建筑遗存，因地处毛乌素沙漠南缘，现城址北、西、南三面为固定、半固定沙丘环绕，东部也可见零散的流沙分布。四周城墙残高不等，多在地面 2 米以上。南城墙因与高耸宽大而又密布的马面相互依托支撑，极难损坏，目前状况最好，大部分尚在地面 5 米以上，还有一些达到了 10 米，十分壮观，不禁使人想见当年的恢宏气势。西墙垣受风沙堆积的影响较大，部分被沙丘所覆盖。西南角的墩台尤为高峻，据测高达 32 米；西北角的墩台虽不及西南角的墩台高，但也兀然挺立在沙漠之中。高出地面数米、长达几千米的断续起伏的城墙将二者相连。

中国的古城多用青砖堆垒或黄土夯筑而成，呈现出灰色或黄褐色，而统万城却呈白色，远远望去，宛如白色大理石构筑的城堡，因此被当地人称为"白城子"。之所以如此，主要在于建造统万城的建筑材料与众不同，是用一种被当地人称为"白土"的材料夯筑而成，经化学分析，这种材料主要成分是石英、黏土物质和碳酸钙，"其坚可以砺斧"。统万城在经历了一千六百多年的风蚀雨淋和人为毁损后，遗存的部分还具有相当宏大的规模，这在我国古都遗址中是十分少见的。今天的人们游目黄沙，漫步徜徉在统万城遗址旁时，仍能感受到当年匈奴贵族赫连勃勃的恢宏气度，统万城的拔地而起不愧为大漠奇迹！

（樊莉娜撰文）

难解之谜

　　地处毛乌素沙漠南缘的统万城号称沙漠古都，其周边是无边无际的沙丘，那么曾经繁华一时的统万城是在这漫漫黄沙中崛起并延续多年的吗？

　　学者们很早就注意到这个问题。1964 年 7 月，著名历史地理学家、北京大学侯仁之教授带领考察小组进入毛乌素沙漠考察，见到了这座被遗忘在沙漠中的古都。侯教授后来在文章中写道："这座巨大建筑的残余部分，经历了一千五百多年的风雨，依然屹立在一望无际的茫茫沙海中，迎着强烈的日照，发射出耀眼的光芒。特别是它西北隅的一座 24 米高的敌楼，在 10 公里外，越过波浪般的沙丘，就可以远远望见它那雄伟的造型，正像一座纪念碑。"感慨的同时，侯教授进一步提出问题："统万城初建的时候，这一带的自然环境究竟是什么样子？如果也像现在一样到处都是滚滚流沙，赫连勃勃为什么要把他的都城建造在这样一个地方？反之，如果建城之初这里并不是沙漠，那么它又是在什么时候开始变成沙漠的？这些流沙又是哪里来的？"

　　史籍记载，赫连勃勃曾经"北游契吴，升高而叹曰：美哉斯阜，临广泽而带清流，吾行地多矣，未有若斯之美"，描述了一幅有山有水的人间丽景。侯教授据此分析认为：统万城建成初期，附近一带是一处"水草丰美、景物宜人的好地方"。又根据历史文献记载认为，到了九世纪，这座古城渐渐受到流沙威胁，十世纪末已经深在沙漠，"从此统万古城，沦为废墟"。

　　后来考古工作者在统万城城墙下深约数米的地方挖出了沙子，发现统万城建在一片流沙之上，因此有专家认为，统万城当初就是建在沙漠之中。当时主要出于军事方面的考虑才在此建造都城的，统万城内和近城一带人、马、牛、羊等的供给和生存主要是靠掠夺来满足。

　　统万城的城墙压在沙子上，但流沙之上覆盖着一层几十厘米厚的黑

统万城西南角遗址

土。流沙代表了这里曾是沙漠，黑土则代表了较湿润的草原环境。统万城西部地区是古代湖泊较为集中的区域，统万城位于纳林河流域南部地区，无定河北岸，在无定河及上游红柳河一带，河床宽广，支津、支渠交错。据文献记载，当时曾有十万人修筑统万城，历时七年，后来城内居民也有四万多人，最多时达七万。如果统万城周边生态环境过于恶劣，要维持如此众多的人口的用水需求是不可能的。

　　事实上，统万城作为夏国都的时代，周围的自然环境应与现在不同，应是一个草原植被比较茂盛、水源条件较好的所在。文献中关于沙漠存在的记载虽然也是不争的事实，但沙漠和水草丰茂的草原是可以同时存在于毛乌素沙地自然生态系统内部的，我们不能以今天的眼光，对历史文献断章取义。统万城的选址肯定会考虑环境因素，它建城之初应该是选择了茫茫沙漠中的一片绿洲！

（樊莉娜撰文）

民族文化交流的产物

统万城是匈奴贵族建立的都城，历史上匈奴族人是以逐水草而居，于马背上纵横驰骋的游牧民族见称，匈奴旧俗是"逐水草迁徙，毋城郭常处耕田之业"。可见，在理论上匈奴人是没有筑城习惯的，其游牧的生活方式也使筑城毫无意义。匈奴人与中原统治者对峙数百年，从来就没有留下城池的记录。统万城打破了人们的一般判断，匈奴人不仅筑城，而且所筑之城相当坚固。统万城是我国少数民族和汉民族文化交流的产物。

统万城建城规划时充分参照了我国古代汉族都城规划思想。史书记载，统万城的规划，"尊七庙之制，崇左社之规，建右稷之礼，御太一以缮明堂，模帝坐而营路寝，阊阖披霄而山亭，象魏排虚而岳峙"。古代天子有七庙之制，传为周代礼制，后世帝王尊崇相沿，如《礼记·王制》说："天子七庙，三昭三穆，与太祖之庙而七。"社、稷是古代帝王祭祀土地神和五谷神的地方，国都规划有"左祖右社"之制，《周礼·考工记》中说"匠人营国……左祖右社，面朝后市"，匈奴贵族采用这种礼制规划统万城是吸收和参照了汉族礼制思想。从现代航空影像上看，统万城的外郭城东门、内城的东门

统万城航空影像图

和宫城的东门恰好处于一条接近东西向的直线上，这就是统万城规划的中轴线。统万城内宫殿、路寝、左社、右稷，应是沿这条中轴线依次展开。而沿中轴线规划都城的做法是古代中原王朝都城规划的常用做法，在后世元明清北京城的规划上表现尤为突出。

但匈奴毕竟是少数民族，骑在马背上的民族习俗同样对统万城的规划产生影响。统万城的城市朝向并非按照中原帝都一般的坐北朝南的规划做法，而是面向东方。西汉时期，匈奴人就有"拜日之始升"的习俗，即朝着太阳升起的方向朝拜。而在北宋时期，人们就已经注意到统万城朝向东方这一特点了："罗城东门曰凤阳，本有三门，夷人多尚东，故东向门。"可见，统万城的布局格式，确实反映了北方游牧民族尚东的文化传统。

夏覆亡之后，匈奴再也没有作为一个民族在历史上出现过。统万城是我国古代匈奴族遗留在人类历史长河中唯一的都城遗址，有着不可替代的历史地位，它是古代少数民族与汉民族文化交流的产物，也是一个消逝了的民族遗留给历史的特殊见证！

（程森撰文）

十一 离太阳最近的都城

——吐蕃故都逻些

松赞干布和文成公主

七世纪，在神秘的雪域高原之上，一位英雄人物统一全藏，称雄雪域高原，建立都城，他就是西藏家喻户晓的英雄——吐蕃部族首领松赞干布。他像佛祖和得道高僧一样被藏族人民世代供奉。

吐蕃是藏族的祖先，很早就生活在青藏高原一带，有的以游牧为业，有的以农耕为业。七世纪前期，吐蕃杰出政治家松赞干布做了赞普（在藏语里，"赞"为雄豪有力，"普"为大丈夫之意）。松赞干布的生年现尚存争议，一般认为他出生于617年。由于他对藏族历史的巨大贡献，被后人尊称为松赞干布，意为深沉宽厚、杰出能干的男子。唐代的史籍称他为"弃宗弄赞"。他的父亲朗日松赞是吐蕃王朝第三十一代赞普。松赞干布三岁的时候，其父率兵灭掉了北方的苏毗部落，初步统一了西藏高原，由一个山南地方的小邦首领成为吐蕃各部的君主。松赞干布从小受到了良好的家庭教育和严格的训练，成为精通骑射、角力、击剑，又爱好民歌、善于吟诗的文武全才的王子。

唐贞观三年（629），松赞干布13岁时，朗日松赞被人毒死。诸族一起举兵反叛，西部的羊同部落乘势入侵，苏毗旧贵族也积极"复国"。在这种形势下，松赞干布继承王位，成为吐蕃第三十二代赞普。他沉稳果敢，在叔父等大臣帮助下，经过三年征战，终于稳定了局势，吐蕃再次统一。贞观六年（632），松赞

松赞干布像

唐阎立本绘《步辇图》，反映了唐太宗接见松赞干布和亲使者禄东赞的情景

干布率部众渡过雅鲁藏布江，将吐蕃王朝的都城从雅鲁藏布江南岸的泽当迁到今拉萨。汉文史籍中称拉萨为"逻些"。

迁都以后，松赞干布制定了兼并周边诸族的战略规划。苏毗地处吐蕃北部，散居在青海玉树等处，区域辽阔，农牧兼营，盛产良马。羊同，又称羌塘，位于吐蕃西部，盛产食盐。灭掉苏毗、羊同后，松赞干布又着手经略东方，征服了位于今天青海东南部和四川西北地区的党项（古代羌人的一支）和位于今甘肃、青海等地的吐谷浑（古代鲜卑族的一支）。至此，东与唐王朝的凉、松等州相接，南至婆罗门（印度），在青藏高原上建立起了强大的吐蕃王朝。

几乎同时，中原地区经过数年战争，李渊（唐高祖）、李世民（唐太宗）父子于618年以长安为都城建立了唐王朝，国势强盛，周边民族部落纷纷与唐朝修好，或称臣内附，或纳贡请封。

松赞干布也积极谋求与唐朝建立密切关系。贞观八年（634），吐蕃派使者长途跋涉，出访长安，并向唐朝求亲，唐太宗李世民不允。吐蕃使者恐无功受罚，谎称唐皇本来同意公主远嫁，但由于吐谷浑王求亲

而犹豫不决。松赞干布怨愤之下，发兵二十万攻打吐谷浑，并侵唐松州，以武求亲。太宗遣侯君集率兵反击，年轻的松赞干布战败于松州城下，只得求和。贞观十四年（640），松赞干布再派大相禄东赞备黄金五千两及宝物珍玩数百件到长安请婚，唐太宗同意了松赞干布和亲的请求，答应将文成公主嫁给他。贞观十五年（641），文成公主在唐蕃专使及众侍从的陪同下，离开繁华的都城长安，踏上了漫漫的唐蕃古道，西行约三千公里，历经千难万险，来到雪域高原，与松赞干布完婚。

文成公主，身世不详。在唐高祖李渊和太宗李世民的诸多女儿中，除早夭者，都嫁本朝之臣或臣僚之后。史籍记载，文成公主为"唐宗室女"。一般情况下，亲王之女史籍亦会注明。文成公主以宗室女身份出嫁，但其身份不明，或许其与宗亲关系较远，其父爵位不高；又或许"和亲"事关重大，破格封之为公主，亦未可知。不过，文成公主出嫁规格还是比较高的，江夏郡王、礼部尚书李道宗持节送公主至吐蕃，为其主婚，松赞干布亲自率部远行至柏海（今青海玛多县境）迎接。

吐蕃人原住帐篷，据说松赞干布为了迎接文成公主，特命为公主修建了华丽的王宫，共有一千间宫室，富丽壮观，这就是今天布达拉宫的前身。但后来毁于雷电、战火。现有建筑群为十七世纪中叶五世达赖受清朝册封后开始兴建，并经过历代达赖不断扩建而成，恢宏壮观。

当时，唐朝佛教盛行，而藏地无佛。文成公主是一位虔诚的佛教徒，她携带了佛塔、经书和佛像入蕃，决意建寺弘佛。传说文成公主进藏后，建议用白山羊背土填湖建庙，把从唐朝带来的一尊释迦牟尼 12 岁等身镀金铜像供奉其中。人们把最初的寺庙，

文成公主像

命名为"惹萨"，汉语的意思是"山羊背土"，即现在历经沧桑仍香火绵绵的大昭寺。后来"惹萨"被译成了"逻些"，再后来改为拉萨（意为圣地或佛地）。佛教从此扎根西藏，成为一个民族千年不变的信仰！

文成公主入吐蕃时，带去了丰厚的嫁妆，与她一起进藏的还有许多会养蚕、酿酒、造纸的工匠和会纺织、刺绣的侍女，使养蚕、酿酒等技术传入吐蕃。她带去了有关生产技术的书籍和谷物蔬菜种子，帮助吐蕃人改变了落后的耕作技术，吐蕃人学会了平整土地、防止水土流失和种植蔬菜。她带去的唐朝精制的手工艺品和医学著作，促进了吐蕃的社会进步。吐蕃过去没有文字，用绳打结或在木头上刻符号记事。深受唐文化影响的松赞干布命人创制了吐蕃文字。吐蕃学者还参考唐朝历法，创制了吐蕃历法。

松赞干布迎娶文成公主后，唐朝与吐蕃关系非常友好，在此后的二百多年间，极少有战争发生。双方使臣和商人频繁往来。松赞干布倾慕中原文化，他脱掉毡裘，改穿绢绮，并派吐蕃贵族子弟到长安学习。唐朝也不断派各类工匠到吐蕃，传授技术。

贞观二十三年（649），唐太宗李世民去世，高宗李治即位，遣使入蕃告哀，并授松赞干布"驸马都尉"，封他为"西海郡王"。松赞干布派专使往长安吊祭太宗，并上书唐高宗，表示对新帝的祝贺和支持。唐高宗又晋封松赞干布为"賨王"，并在昭陵前为其塑像，以示褒奖。

在一千三百多年的历史中，松赞干布和文成公主不但为拉萨的形成和发展奠定了基础，也为推进祖国中原与西藏地区的经济、技术协作和文化交流，促进两地的社会发展，做出了卓越的贡献。松赞干布被载入了中华民族英雄人物的史册；文成公主在吐蕃生活了 40 年，为汉、藏两族人民的友谊做出了贡献，一直受到藏族人民的怀念和爱戴，被藏族人民誉为"措益白姆"（意为莲花，象征美丽、圣洁）。直到现在，西藏拉萨的大昭寺和布达拉宫中，还保存着松赞干布和文成公主的塑像。

（樊莉娜撰文）

世界上海拔最高的宫殿

被称为世界上海拔最高、最雄伟的宫殿——布达拉宫，是拉萨这座雪域之都乃至整个青藏高原的象征，也是藏文化最灿烂的象征。

布达拉宫分为两大部分：红宫和白宫。居于中央的是红宫，主要是佛殿及安放历代达赖喇嘛灵塔的殿堂。在这些灵塔中，以五世达赖的灵塔最为壮观。红宫两旁的是白宫，是达赖喇嘛生活起居和政治活动的主要场所。"布达拉"，是梵语音译，又译作"普陀罗"或"普陀"，原指观世音菩萨所居之岛，所以布达拉宫又被称为第二普陀山。

布达拉宫始建于七世纪，距今已有一千三百多年的历史。松赞干

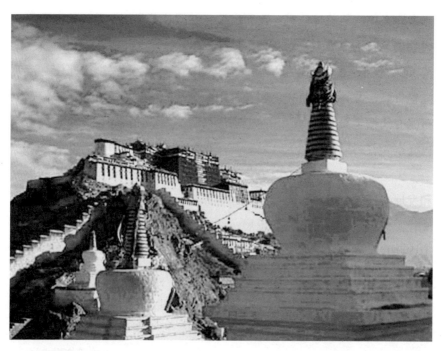

布达拉宫

布迎娶文成公主为妻后，为夸耀后世，在当时的红山上建九层楼宫殿一千间，取名布达拉宫，以居公主。据史料记载，红山内外围城三重，松赞干布和文成公主宫殿之间有一道银铜合制的桥相连。布达拉宫东门外有松赞干布的跑马场。当由松赞干布建立的吐蕃王朝灭亡之时，布达拉宫的大部分毁于战火。明末，在蒙古固始汗的武力支持下，五世达赖建立甘丹颇章政权，并被清朝政府正式封为西藏地方政教首领。顺治二年（1645），五世达赖开始重建布达拉宫，并由甘丹颇章宫移居白宫顶上的日光殿。康熙二十九年（1690），在第巴桑杰嘉错的主持下，修改红殿五世达赖灵塔殿，康熙三十二年（1693）竣工。以后经历代达赖喇嘛的扩建，布达拉宫才最终形成今日的规模。从松赞干布到十四世达赖的一千三百多年间，先后有九位藏王和十位达赖喇嘛在这里施政布教。

远眺布达拉宫

布达拉宫在今拉萨市西北的玛布日山（即红山）上，宫堡依山而建，海拔 3700 多米。现占地 41 万平方米，建筑面积 13 万平方米，宫体主楼 13 层，高 115 米，全部为石木结构。5 座宫顶覆盖镏金铜瓦，金光灿烂，气势雄伟，是藏族古建筑艺术的精华，被誉为高原圣殿。红宫前面有一白色高耸的墙面，为晒佛台，在佛教的节日用来悬挂大幅佛像挂毯。据记载，仅镶包五世达赖灵塔所用的黄金就达 11.9 万两之多，并且经过处理的达赖遗体就保存在塔体内。西大殿是五世达赖灵塔殿的享堂，它是红宫内最大的宫殿。殿内除乾隆御赐"涌莲初地"匾额外，还保存有康熙皇帝所赐大型锦绣幔帐一对，此为布达拉宫内的稀世珍品。传说康熙皇帝为了织造这对幔帐，曾专门建造了工场，并费工一年才得以织成。从西大殿上楼经画廊就到了曲结竹普（即松赞干布修法洞），这座七世纪的建筑是布达拉宫内最古老的建筑之一，里面保存有松赞干布、文成公主及其大臣的塑像。红宫内的最高宫殿名叫萨松朗杰（意为胜三界），其内供奉有清乾隆皇帝画像和"万岁"牌位。大约自七世达赖格桑嘉措起，各世达赖每年藏历正月初三凌晨都要来此向皇帝牌位朝拜，以此表明他们对皇帝的臣属关系。

布达拉宫是汉藏艺术交流融合的结晶，是宗教艺术的宝库。整个宫殿为石木结构，宫殿外墙厚达 2～5 米，基础直接埋入岩层。墙身全部用花岗岩砌筑，高达数十米，每隔一段距离，中间灌注铁汁，进行加固，提高了墙体抗震能力，坚固稳定。屋顶和窗檐用木质结构，飞檐外挑，屋角翘起，铜瓦鎏金，用鎏金经幢、宝瓶、摩羯鱼和金翅乌做脊饰。闪亮的屋顶采用歇山式和攒尖式，具有汉族建筑风格。屋檐下的墙面装饰有鎏金铜饰，形象都是佛教法器式八宝，有浓重的藏传佛教色彩。柱身和梁枋上布满了鲜艳的彩画和华丽的雕饰。内部廊道交错，殿堂杂陈，空间曲折莫测，置身其中，仿佛步入神秘世界。大殿内的壁画亦算是布达拉宫内一道别致风景。在这堪称巨型绘画艺术长廊内，既记载有西藏佛教发展历史，又有五世达赖生平、文成公主进藏过程，还有西藏古代建筑形象和大量佛像金刚等，说它是一部珍贵的历史画卷毫不为过。

现今布达拉宫已被列入国家重点文物保护单位和世界文化遗产名录。这座凝结藏族劳动人民智慧，又目睹汉藏文化交流的古建筑群，已经以其辉煌的雄姿和藏传佛教圣地的地位绝对地成为藏民族的象征。

（程森撰文）

大昭寺

大昭寺位于今西藏拉萨旧城区的中心，古称"白哈尔"，始建于唐朝贞观二十一年（647），距今已有一千多年的历史。

大昭寺由文成公主设计，呈正方形，现有建筑面积25100余平方米。传说大昭寺寺址最早是一片湖，松赞干布曾在此湖边向尺尊公主许诺，随戒指所落之处修建佛殿，孰料戒指恰好落入湖内，湖面顿时遍布光网，光网之中显现出一座九级白塔。文成公主建议用白山羊驮土建寺，于是，一个以千只白山羊驮土建寺的浩荡工程开始了。

大昭寺共修建了三年有余，因藏语中称"山羊"为"惹"，称"土"为"萨"，为了纪念白山羊的功绩，佛殿最初名为"惹萨"，后改称"祖拉康"（经堂），又称"觉康"（佛堂），全称为"惹萨噶喜墀囊祖拉康"，意即由山羊驮土而建的。大殿正中供奉由文成公主从长安带来的释迦牟尼12岁等身镀金铜像。两侧配殿供奉松赞干布、文成公主、尼泊尔尺尊公主等塑像。

大昭寺正门

253

今寺前尚存公主柳、唐蕃会盟碑等古迹。

大昭寺是西藏现存最辉煌的吐蕃时期的建筑，也是西藏最早的土木结构建筑，并且开创了藏式平川式的寺庙布局规式，它综合地表现了建筑、绘画、雕塑、工程技术多方面的成就。同时，大昭寺建筑艺术和技术的进步，记录着藏汉两族友好往来和文化的交流。整个寺院有20多个殿堂，主殿坐东朝西，高4层，上覆鎏金铜顶，雕刻着神仙、法轮、宝塔、倒钟、莲盘、龙、凤、狮、鸟等饰物，气势磅礴。正殿有大木柱20根，柱上斗拱架浮雕极为精美，主要为人物及天鹅、象等鸟兽。这种金顶和斗拱建筑形式是典型的汉族风格，它反映出中原先进的建筑技术在西藏的运用和发展。寺内碉楼、雕梁则又反映出西藏建筑风格样式；主殿二、三层檐下排列成行的103个木雕伏兽和人面狮身，又呈现出尼泊尔和印度等地的建筑艺术特点。

大昭寺也是西藏重大佛事活动的中心。五世达赖喇嘛建立甘丹颇章政权后，"噶厦"政府的机构便设于寺内，主要集中在庭院上方的两层楼周围。当时许多重大的政治、宗教活动都在这里进行。由大昭寺正门进入后沿顺时针方向便会进入一个宽阔的露天庭院，这里曾是规模盛大的拉萨祈愿大法会"默朗钦莫"的场所。届时拉萨三大寺的数万僧人云集于此，一起为众生幸福与社会安定而祈祷，同时还举行辩经、驱鬼、迎诸弥勒佛等活动。"默朗钦莫"始于明永乐七门（1409），是宗喀巴大师为纪念释迦牟尼佛以神变之法大败六种外道的功德，召集各寺院、各教派僧众，于藏历正月期间在大昭寺内举行祝福祝愿的法会而建造的。庭院四周柱廊廊

大昭寺正门屋顶上的法轮

壁与转经回廊廊壁上的壁画，因满绘千幅佛像而被称为千佛廊。整座大昭寺的壁画有 4400 余平方米。大昭寺内著名的"觉康"佛殿既是大昭寺的主体，也是大昭寺的精华所在。佛堂呈密闭院落式，楼高四层，中央为大经堂。藏传佛教信徒认为拉萨是世界的中心，而宇宙的核心便位于此处，目前这里是大昭寺僧人诵经修法的场所。

（程森撰文）

"圣路"八角街

八角街也叫八廓街，是西藏古老而富有神秘感的"圣路"。在佛教中，"圣路"意为"上天之路"。 八角街位于拉萨老城区，是围绕大昭寺的一条环形街道，也是拉萨最古老的街道。不过现今的八角街在人们的心目中，已不仅仅是八角街了，它是整个拉萨老城区一片典型的藏族建筑的代表，也是拉萨古城的代表。八角街并非以街道的形状命名，而是藏语"八古"的音译，即寺庙周围的意思。

相传七世纪，吐蕃赞普松赞干布率部族迁徙拉萨时，这里还是一片沼泽地。文成公主进藏后，用白山羊背土填湖建大昭寺，并把从唐朝带来的一尊释迦牟尼 12 岁等身镀金铜像供奉其中，这里成为藏族人民最崇敬的宗教圣地，引来了四方游僧、八面信徒，无数朝圣者渐渐地踏出这条环绕大昭寺的街道，大昭寺四周也渐渐地延伸出许多寺庙和房屋，供朝拜教徒们歇脚住宿。这就是八角街的雏形。

八角街最初只是一条普通的路，后来成为朝圣者的转经路。西藏佛教认为，以大昭寺为中心顺时针绕行为"转经"，表示对供奉在大昭寺内释迦牟尼佛像的朝拜。围绕大昭寺大殿一周为"内圈"（也称小转）；围绕大昭寺则为"中圈"（也称中转），即"八廓"，也就是古老而热闹的商业街八角街；围绕大昭寺、药王山、布达拉宫、小昭寺为"外圈"

八角街

（也称大转，约十公里），即"林廓"，已绕拉萨城大半。此三条转经路，都以释迦牟尼像为中心。八角街是藏传佛教信徒转经的最主要的线路，每天都有磕着三步等身长头的人来到这里。每当朝霞和夕阳起落在拉萨天空时，那些互不相识的人们——来自藏北牧区穿白袍的，来自康巴山地盘英雄结的，住在八角街区、衣着亮丽的……各式各样的信徒，像是突然接到了一项无声的命令，在使人猛然感到一阵骚动之后，便开始围绕着以大昭寺为中心的环形道——"八角街"严格地按顺时针方向绕行，用脚步积累功德。

后来，八角街周围又出现了一些僧人宿舍、宗教学校、小寺庙之类的建筑。许多虔信佛教的人干脆背井离乡来到大昭寺周围住了下来，接着，相应的服务设施、货摊店堂、手工作坊也发展起来了。如今的八角街既是转经道，又是商贩云集的购物区，成了围绕大昭寺的一条拉萨最繁华的商业街。

八角街的历史和大昭寺一样悠久，街区之内，僻巷幽幽，曲途自通，宫厦套着百屋，傍着古寺，弥漫着浓郁的藏族文化气息。街道两旁商店林立，摊贩聚集，熙来攘往，热闹非凡。常见的商品有酥油、酥油桶、青梨酒、甜茶、奶渣、牛肉、卡垫、氆氇、围裙、藏被、藏鞋、宝石戒指、藏刀、藏帽、藏币、摇经筒、经书、木碗等。八角街成为拉萨的经济、文化乃至西藏的风土人情的集结地，吸引着四面八方的人们！

（樊莉娜撰文）